U0640214

数字文化驱动下的教育技术革新与应用研究

杨丽可 著

北方文艺出版社

·哈尔滨·

图书在版编目（CIP）数据

数字文化驱动下的教育技术革新与应用研究 / 杨丽
可著. -- 哈尔滨：北方文艺出版社, 2025.6. -- ISBN
978-7-5317-6648-3

Ⅰ. G40-057

中国国家版本馆CIP数据核字第2025BB5705号

数字文化驱动下的教育技术革新与应用研究

SHUZI WENHUA QUDONGXIA DE JIAOYU JISHUGEXIN YU YINGYONG YANJIU

作　　者 / 杨丽可

责任编辑 / 孙竞翯　　　　　　　　　封面设计 / 邓小林

出版发行 / 北方文艺出版社　　　　　邮　　编 / 150008

发行电话 / （0451）86825533　　　　经　　销 / 新华书店

地　　址 / 哈尔滨市南岗区宣庆小区 1 号楼　　网　　址 / www.bfwy.com

印　　刷 / 三河市中晟雅豪印务有限公司　　开　　本 / 710毫米 × 1000毫米　　1/16

字　　数 / 123千　　　　　　　　　　印　　张 / 9

版　　次 / 2025 年 6 月第 1 版　　　　印　　次 / 2025 年 6 月第 1 次印刷

书　　号 / ISBN 978-7-5317-6648-3　　定　　价 / 59.80元

前　言

　　随着数字信息技术在人类长河中的纵深发展，数字文明现已成为社会变革的关键驱动力。这一文明形态正重塑人类的生活方式、认知范式及职业生态，其与高等教育领域的深度交融，促使着教育范式发生翻天覆地的转变。

　　本书系统探究数字媒介生态对高等教育技术升级的作用机理。本书从数字人文理论框架入手，解析公共文化数字资产的协同开发与智能决策模式。立足数字文明演进脉络，本书全方位梳理高等教育信息化发展历程，涉及智慧教育体系的重建路径、范式迁移规律以及技术迭代趋向。本书重点探讨了智能算法、分布式计算、沉浸式交互、去中心化存储等技术在教育领域中的具体应用，比如教育场域的虚拟化拓展、文化浸润范式创新等，为教育现代化转型提供理论框架与实证支撑。

　　在本书的撰写过程中，广泛援引了相关领域权威学者的研究成果和理论著作。在此，向这些学术前辈由衷地感谢。因作者水平有限，书中论述或许存在考虑不周或不够恰当的地方，诚望学界同行和读者给予批评指正。

作者

2025 年 3 月

目 录

第一章　数字文化的理论建构与驱动背景 ⋯⋯⋯⋯⋯⋯⋯ 001

第一节 数字文化资源的基础理论 ⋯⋯⋯⋯⋯⋯⋯⋯⋯ 001

第二节 公共数字文化资源的共建共享 ⋯⋯⋯⋯⋯⋯ 003

第三节 数字文化产业的数据驱动 ⋯⋯⋯⋯⋯⋯⋯⋯ 019

第二章　数字文化框架下的高等教育数字化进程 ⋯⋯⋯ 029

第一节 数字化教育的变革 ⋯⋯⋯⋯⋯⋯⋯⋯⋯⋯⋯ 029

第二节 高等教育的数字化转型发展 ⋯⋯⋯⋯⋯⋯⋯ 041

第三节 现代教育技术的发展趋势 ⋯⋯⋯⋯⋯⋯⋯⋯ 047

第三章　数字化创新技术及其在高等教育中的应用 ⋯⋯ 077

第一节 人工智能技术及其教育应用 ⋯⋯⋯⋯⋯⋯⋯ 077

第二节 大数据技术及其教育应用 ⋯⋯⋯⋯⋯⋯⋯⋯ 082

第三节 区块链技术及其教育应用 ⋯⋯⋯⋯⋯⋯⋯⋯ 090

第四节 虚拟现实技术及其教育应用 ⋯⋯⋯⋯⋯⋯⋯ 098

第五节 云计算技术及其教育应用 ⋯⋯⋯⋯⋯⋯⋯⋯ 104

第四章　教育技术的创新实践与教学范式重构 ⋯⋯⋯⋯ 111

第一节 数字化延伸传统教学场景 ⋯⋯⋯⋯⋯⋯⋯⋯ 111

第二节 新型技术赋能文化育人模式 ⋯⋯⋯⋯⋯⋯⋯ 128

参考文献 ⋯⋯⋯⋯⋯⋯⋯⋯⋯⋯⋯⋯⋯⋯⋯⋯⋯⋯⋯ 133

第一章　数字文化的理论建构与驱动背景

第一节 数字文化资源的基础理论

一、数字文化资源的概念与分类

（一）数字文化资源的概念

数字文化资源是依托现代数字媒介技术，实现内容创作、存储与共享的文化形式。它本质上是文化产业和信息技术产业深度融合的产物，通过对传统文化元素进行数字化编码，转变为包含图文资料、视听影音、交互程序以及数字教育模块等的多元化产品体系，具体有平面与立体动画、文化主题影像制品、数字游戏应用等表现形式。从传播载体方面分析，其媒介形态具有双重特性：一方面，传播渠道主要包括网络应用、智能终端程序、交互式电视系统等新兴数字平台；另一方面，表现为传统媒介与移动技术相结合的产物，像便携式资讯终端、动态视听期刊等跨媒介形态。这类文化资源既具备市场化运营的特点，又肩负着公共文化服务的职能。

（二）数字文化资源的分类

数字文化资源能够借助多维视角开展体系化的划分工作。在内容形态这一维度上，其主要包含文字资料、图形影像、声频文件、动态影像以及复合型多媒体素材；从资源生成途径来看，可分成原生数字化创作成果和文化遗产数字化转译成果这两大类；在应用领域范畴，涉及知识传播类、文明传承类以及大众娱乐类等具备不同功能属性的类型。多维分类框架为资源管理以及应用实践给予了科学的认知工具。

二、数字文化资源的特点

数字网络自身构成了一种新兴的文化范式，其技术特性不仅作为社会发展的驱动力而存在，更呈现出独特的文化表征形式。数字文化作为技术和社会两个维度共同作用的复合产物，具备多维特征：既需要技术基础的支撑，也映射着社会现实文化，还形成了独立的文化认知体系。从资源属性方面来看，与传统资源相比，数字文化资源除了拥有文化资源的共同特点之外，还具有一些独有的特征：

第一，非物质形态特性。数字文化资源作为以二进制编码形式存储的虚拟化信息集合，突破了传统物质载体的局限，其存在形态不再受物理空间维度的制约。与需依托青铜器、丝帛等具体物质形态的传统文化载体不同，数字资源借助光电信号来实现信息的传递，无需物理存储介质便能完成海量文化内容的保存与传播，在信息容量和存储效率上呈现出明显优势。

第二，具有可控性和再生特性。数字文化资源借助特定载体达成形态的固化，进而具备了可操控的属性。此类资源拥有全域可达的特点，能够支持持续的人机互动操作。不过，其高效复制、低成本扩散的特性或许会引发规模效应，同时带来知识产权方面的风险。数字内容在传播进程中产生的边际成本近乎为零，这一特性既提升了文化传播的效率，也加大了版权确权以及收益分配的复杂程度。

第三，文化价值属性。这一特性反映出数字文化资源在满足社会群体精神文化需求时呈现出的独特价值导向，具体可从双重维度来实现其价值：一方面是功能性价值，即受众通过接触和体验数字文化资源，能够使其文化产品的实用功效得以发挥；另一方面是审美性价值，指使用者在与数字文化资源交互的过程中，能够获得物质载体难以给予的审美感受和情感呼应。这种集实用性与审美性于一体的价值综合体，正是数字文化资源有别于常规数字信息的本质所在。

第四，数字文化资源的存续与利用在很大程度上依赖于数字网络基础设施。平台自身的传输速率以及服务效能和资源品质之间呈现出明显的正相关关系，并且这两者共同构成了对用户使用体验的关键限制因素。

第二节 公共数字文化资源的共建共享

一、公共数字文化资源共建共享理论

（一）公共数字文化资源建设的基本概念

1.相关概念

（1）公共数字文化

在公共文化服务体系构建的大框架内，"公共数字文化"作为一种新兴的文化形态，兼具传统公共文化和现代数字技术的双重特性。这一概念所指的是在数字技术支持下形成的新型文化服务模式，其本质特征可归纳为以下三个方面：其一，从资源配置角度来看，政府财政资金是其建设与运营的主要支撑力量，彰显了国家文化治理的公共属性；其二，就服务目标来说，其核心功能是保障公民的基础性数字文化权益，涵盖信息获取、数字素养培养等基础需求；其三，在技术特征方面，借助数字化传输网络和智能终端设备，打破了传统公共文化服务在地域和时间上的限制，通过资源数字化、传播网络化等方式，实现服务覆盖范围的扩大以及服务质量的均衡提高。对于这种新型文化服务形态的理论构建，主要从运行机制、技术路径、价值目标这三个维度进行详细阐释。

第一条定义把"公共数字文化"定义为政府部门在履行公共管理职责时，为社会大众创造的可共享且能开发利用的数据资源。具体包括四个方面：科研教育范畴内的学术类数字资源、具备历史传承意义的数字化文化遗产、经由官方途径发布的电子政务数据，以及可满足公众文化需求的数字化公共内容产品。

第二维度把"公共数字文化"定义为公共文化服务机构所具备的数字化文化资源集合。其服务形态从本质上来说，是依托互联网技术向公众提供文化服务并达成价值传递的过程。该服务形态的运行机制表现为，各类公共文化机构以自身的数字资源库为基础，利用互联网平台开展内容整合与传播工作，这也构成了公共数字文化服务体系的核心内容。

第三类观点把"公共数字文化"定义为传统公共文化和新兴数字技术的有

机结合体。具体来说，它是公共文化服务机构通过整合各类数字化元素，为满足社会公众基本的数字文化需求而搭建的，由资源体系、技术平台、传播媒介以及基础设施共同构成的服务体系。

（2）公共数字文化服务

公共数字文化服务是现代公共服务体系的重要组成部分，它是传统公共文化服务与信息化技术深度融合的成果。这一服务体系可定义为：在政府职能部门的主导下，联合社会多方主体共同参与，以满足公民基本数字文化需求为目标，借助数字技术资源，通过互联网传播途径搭建的数字化文化服务平台、数字文化产品体系以及文化服务项目。它涉及广播电视、数字影音、网络平台、公共图书馆、文化场馆、档案机构、博物馆和非遗保护中心等多种文化业态。该服务体系由基础数字设施、服务供给机制、文化活动实施体系，以及配套的政策法规、资源调配机制和资金保障体系等要素共同组成。

（3）公共数字文化资源

依据语义学理论框架，"公共数字文化资源"这一术语能够拆解为"公共文化产品"和"数字资源"两层内涵，具体体现如下：公共文化产品指的是由政府引领、社会力量共同参与供给的文化服务与精神产品，具备非排他性和非竞争性的特点；数字资源是指借助信息技术手段进行存储、传播的数字化内容集合，其载体形式涵盖数据库、电子文档以及多媒体素材库等。这两个核心要素相互融合，共同形成了公共数字文化资源的基本属性。

"公共文化产品"具备公共服务供给和文化价值创造的双重属性。从经济学的角度剖析，其属性在两个维度得以体现：一方面遵循公共物品非竞争性和非排他性的原则，另一方面承载着文化产品所独有的社会功能，涵盖满足社会成员精神需求、推动文化资产积累以及维系文明传承等关键价值。依据公共文化服务不同的供给特点，可以按照服务的公益程度以及排他性、竞争性的差异，构建一个三级分类体系，分别为纯公益型公共文化产品、弱竞争型准公共文化产品、弱排他型准公共文化产品。这一分类模型展现出公共文化服务体系的层次性特点，为制定有差异的供给政策提供了理论支撑。

当前我国公共文化服务体系建设进程中，服务项目大多呈现准公益性特点，其供给主体主要为文化馆、图书馆、博物馆、档案馆、美术馆以及非物质文化遗产保护中心等传统公共文化机构。相关研究数据表明，公共文化服务供给主体形成了以政府为主导的多元化局面，非营利社会组织和社会个体借助规范化机制参与文化产品供给，已成为重要的补充方式。

在学术环境里，"数字资源"常和电子信息资源、网络信息资源等术语相互替换使用。这些概念都体现出区别于传统实体资源的本质特点——存储介质具有数字化属性。具体来说，数字资源是指利用二进制编码技术生成，存储在本地或云端载体上，并且能通过终端设备进行调取的信息集合。从生成机制方面分析，这种资源可分成两大类：一类是利用扫描仪等数字化设备对实体资源进行格式转换后形成的"数字化资源"；另一类是"原生数字资源"，这类资源从生成开始就依赖数字化技术，其最初形态就能够被计算机识别和处理。这两类资源共同组成了当前信息生态系统中数量众多、种类丰富的数字化信息集合。

"公共数字文化资源"指的是国家公共文化服务体系内具有公益性的数字化文化资产。这些资源主要由各级公共图书馆、群众艺术馆、文博机构、艺术展览机构以及非物质文化遗产保护单位等公共文化服务主体，携手社会非营利组织与个人共同参与建设。它们是通过多样化的技术手段进行开发或整合而成，以互联网作为主要的传输媒介，作为一种可免费供全体公众使用的数字化文化资产而存在。其核心功能是保障公众基础性数字文化权益得以实现。

"公共数字文化资源"的合法性构成需契合双重属性标准。其一，从本质属性来说，应将其界定为公共文化服务产品。这类资源以充实公民精神文化生活为根本目标，秉持社会效益优先的原则，一般由公共财政予以支持，或者由社会公益力量参与供给，以此保障全体公民能够平等地享有基本文化权益（也可设置适度的成本补偿机制）。其二，在技术形态方面，必须具备数字化特征。也就是说，要运用数字技术来完成全流程的生产管理，依靠互联网平台开展信息传播，从而形成能够适配多终端设备的文化服务形态。具体来说，该资源体系要包含完整的数字化生产链条（涉及采集、加工、存储等环节），并且借助智能终端设备达成跨场景的访问服务模式。

2.资源类型与范围

"文化资源"专门指那些承载着人类活动印记，体现特定区域或族群的生存状态与价值观念，且具有在文化产业中应用潜力的物质或非物质形式的客观存在。此类资源具有广泛的涵盖范围，除了未受人类干预的自然因素之外，一切记录人类实践活动轨迹的载体都具有文化特性，共同构成了文化资源体系。其分类维度具有多样化特点，主要有博物馆藏品、民俗节庆活动、非物质文化遗产项目、文献典籍、视觉艺术作品以及音乐创作等典型类别。

依据资源载体的不同，可主要划分为纸质出版物、学术刊物、新闻出版物、历史遗存、原始文稿、文献记录、艺术创作以及民间文化资源等类型。在数字化存储形式上，主要呈现为文字文档、平面视觉资料、声音记录资料和动态影像资料等多种格式。该分类体系既囊括了传统介质的文化承载物，也涉及现代技术条件下的信息存储手段。

在公共数字文化资源协同构建框架的执行过程中，确定资源整合范围要遵循选择性准则。此模式的核心并不是让所有形态的数字文化资源都达成全面融合，关键在于构建科学的资源筛选机制。具体来说，要着重挑选那些既符合公众真实文化需求，又具有文化传承意义的数字资源类别，像能够展现中华文明精华的历史文化遗产以及反映当代社会发展的优良文化成果等，通过系统整合达成资源共建与共享的协同效果。

相关公共数字文化资源类型和内容形式如表1-1所示。

表1-1 我国公共数字文化资源类型和内容形式

资源类型	内容形式
文化信息	各类关于文化的新闻资讯、发展动态、背景资料等内容。
电子书刊	传统的书、刊、报转换为数字形式的资源。
文化讲座	以数字形式记录和传播的文化类讲座、课程，有关国学、历史、文艺鉴赏的讲座等。
文艺表演	以数字形式记录和传播的专业文艺团体的表演以及群众民间团体的文艺表演。
文艺鉴赏	对绘画、文学、艺术收藏品、音乐等文化艺术作品的数字典藏，进行展示、介绍、赏析。
文化遗产	介绍、展示物质或非物质文化遗产的数字典藏。
民风民俗	介绍、展示地域或民族文化风俗数字档案。
技能培训	挖掘文化艺术、职业技能等方面的培训资源，开展艺术考级和职业技能模拟实训等课程。
素质教育	重点面向青少年开展德育教育、安全教育等数字育人活动，提升道德素养、职业素养、文化修养
娱乐健身	关于人们日常生活中文化娱乐、健身养生方面的数字资源，比如流行歌曲、广场舞、太极拳等。
影视作品	拍摄完成并已公开放映的电影、电视剧等。
网络作品	以网络作为媒介传播的小说、音乐、微视频等。

依据数据组织特征，公共数字文化资源可划分为三种基本类型。从数据模型层面剖析，第一种是结构化数据，这类信息以二维表格的形式进行标准化存储，有着清晰的字段定义与数据类型限制，在存储管理和检索应用方面展现出明显的优势。第二种非结构化数据主要指缺乏统一数据模型的多媒体资源，包含音视频文件、图像资料等复合式数字对象。这类数据在教育影音资源库、数字媒体档案库等场景中应用十分普遍，不过存在占用存储空间较大的技术特点。第三种半结构化数据处于前两类数据之间，HTML文档格式便是典型代表。它虽未完全依照关系型数据模型，但能够借助标签系统达成数据的自我描述，具备较强的格式兼容性与扩展能力。

3.基本内涵

公共数字文化资源共建共享模式作为一个特定的研究领域，主要是以社会实践形态为分析对象构建起来的理论框架。此模式包含资源整合的基本观念、组成要素、实施办法以及管理决策等重要方面，其理论构建是智慧化供给理论与协作共享实践相互作用的结果。作为学理认知和实际操作之间的过渡形态，该模式具有不断发展变化的特点，既具备理论指导作用，又有实践应用价值。其核心价值在于借助系统化的方法体系搭建，为类似的社会文化实践提供可借鉴的范例。

依据"公共数字文化"及其相关概念的学理范畴，可对"公共数字文化资源共建共享模式"作出如下定义：以智能化服务理念为指引，以用户需求为导向，借助网络技术平台的优势，在公共数字文化服务领域搭建的系统化协作体系。此模式在服务供给端和需求端之间构建起协同共建与资源共享的标准化框架，进而形成一套涵盖需求精准识别、资源配置优化、多方协同合作等核心要素的运行机制。该模式的运行目标是提高文化服务效能、优化资源配置以及推动服务均等化发展，以此确保公众能够享受到高质量的数字文化服务。

（二）数字文化资源共建共享的驱动背景

公共数字文化资源共享机制的构建有着多方面的现实驱动因素和客观条

件。从需求端来看，民众对数字化文化服务质量提升有着强烈渴望，国家在推进现代公共文化服务体系建设方面有着明确的政策指引，多元主体在文化治理实践中也有积极参与的需求，这些因素共同构成了该机制发展的内在动力。在实践方面，推动数字文化资源整合和提升服务效能，已成为文化领域供给侧改革的核心途径。这不仅是缓解当前文化服务供需矛盾的有效举措，也契合了数字化时代文化治理创新的发展方向。从技术角度来说，以智能云计算、大数据分析、人工智能算法以及虚拟现实技术为代表的新一代信息技术集合，为资源整合平台的搭建提供了坚实的技术保障，让跨机构、跨层级的协同共享成为现实。

1.用户需求：社会公众对公共数字文化服务升级转型的需求

伴随社会生产力水平不断提高以及物质资料的持续积累，当公众的基本生存需求得以保障后，消费重点开始逐步向精神文化层面转移。像阅读、观看影视、鉴赏艺术品以及参与文化活动等行为，既体现了社会成员对生活品质的追求，也是衡量社会文明程度的关键依据。当下，数字技术的变革与文化共享工程的开展，正大大地改变着文化传播的环境，既让文化资源的传播途径更为优化，也提高了公众获取数字文化服务的便利性。虚拟文化空间所带来的满足感，已然成为当代社会公众高品质生活不可或缺的一部分。与此同时，公众对公共数字文化服务的需求呈现出动态增长态势，其需求的内容和形式也会随着时代的发展而不断变化，具有鲜明的时代特征。

（1）"一站式" 获取

在数字技术迅猛发展的大环境下，以往分散型文化机构所采用的数字化服务模式，其局限性日益凸显。当下，社会公众对跨机构文化资源的整合有着迫切的需求，因此，将公共文化服务体系与非营利性社会组织以及个人所拥有的文化资产进行协同整合已刻不容缓。要达成这种资源整合，需搭建综合性服务平台，并运用集中式资源访问机制，以此实现对异构数字文化内容的统一获取和高效运用。

（2）多元化与个性化

当前，公众对文化资源信息的需求不断攀升。这使得公共数字文化服务的覆盖人群不断提升，且人群构成愈发复杂。从不同人口学特征来看，用户群体在服务需求方面呈现出明显的异质性。这种异质性具体反映在性别、年龄、地域以及教育背景等多个方面。随着需求结构朝着多元化方向发展，服务对象对内容供给模式和传输机制有了更高的要求，特别是产生了定制化服务的要求。这种需求的升级，一方面表明服务对象的认知水平不断提高，另一方面也体现了数字技术推动下文化服务领域发生了广泛而深刻变化。

2.技术驱动：新媒体环境和现代信息技术的全息应用

伴随信息技术广泛而深入的应用，人类社会步入了全方位互联的智能化发展时期。在移动互联网和智能技术的共同推动下，公共文化服务领域正进行着数字化转型这一关键变革。从需求方面来说，现代公民能够借助智能终端设备，随时获取文化资源并进行个性化挑选；从供给方面来说，借助大数据分析和云计算平台，文化产品供给得以精准配置，服务流程也实现了智能化升级。这种依托数字技术构建的双向互动机制，不但重塑了文化服务的供需关系，还大幅提升了公共文化资源的配置效率以及服务体系的运行质量。

从公共文化服务体系的动态发展需求来说，借助全息化技术搭建的现代信息传播体系，会对公共数字文化服务的协同创新机制造成深远的影响。特别是在智能化社会的大背景下，依靠新媒体平台达成的文化资源整合与共享机制，其通过技术赋能开展的创新实践，不但能够促使服务形态出现结构性的改变，还为构建开放且包容的公共文化服务体系开辟了新的技术途径。

3.主体驱动：公共数字文化服务供给主体协同参与的诉求

在公共数字文化服务体系的运行进程中，供给主体的组织形态会对数字文化资源共享机制的实施成效产生直接影响。供给主体作为资源整合与服务创新的关键执行者，其职能定位直接关系到社会群体所能获得的数字文化服务质量。在当前的制度框架下，各级公共文化单位承担着主要的供给职责，其组织模式实现了从独立运作到跨机构协同的重大转变。借助开展全国文化信息资源共享计划、建设数字文献服务平台等跨系统项目，不同文化实体之间构建起资源互补与协作的网络。这一结构性的变化让数字文化资源的整合利用效率大幅提高，与传统模式相比，服务资源的整体配置效率提升了约37.6%（依据2022年文化发展统计公报）。

当前，我国在公共数字文化服务体系建设进程中，逐渐构建起多元主体协作模式。像国家数字文化网与数字图书馆推广工程这类典型案例，相关机构在数字化资源加工、平台搭建以及服务推广等方面，和社会机构达成了合作关系。该协同发展模式一方面达成了数字文化资源的优化配置，让公共服务内容体系更为丰富；另一方面推动了资源共享机制的创新与完善，进而提升了公共数字文化服务的整体运行效能。

二、公共数字文化资源共建共享的制度探索

（一）公共数字文化资源制度建设的基本理念

1.多元化

伴随数字媒介生态和智能技术的普遍运用，公众的生活形态与审美取向展现出多样化的发展态势。这种变化让公众的文化诉求不再局限于基础服务供给，而是逐渐朝着定制化、差异化的服务体验方向转变。在这样的背景下，推动公共数字文化资源的协同建设与共享机制，需基于用户群体的异质性特点开展系统性的规划。

在数字资源建设范畴内，内容规划要打破传统教育培训与文艺展演的既定模式，构建起基于公众需求动态反馈的调节机制。着重打造同时具备生活实用价值和创意体验功能的特色文化产品，让内容供给呈现出差异化特点。服务模式创新要搭建线上线下一体化的运营体系，借助大数据分析技术达成文化需求识别和供给优化的智能匹配。公共文化参与机制改革应在两个方面实现突破：在技术方面，要利用数字平台消除物理场域的限制，扩大服务覆盖的人群范围；在治理

方面，要建立多方协同供给机制，通过政策引导推动社会力量从文化消费者转变为共建者。

2.均等化

经济社会发展基础和文化资源配置之间的失衡，导致了文化权益分配失衡现象，这已成为当下现代公共文化服务体系建设中极为突出的矛盾，特别是在数字化公共文化服务领域，该现象体现得更为显著。鉴于此，解决公共文化服务供给的非均衡化问题、推动社会文明进步成果能够广泛惠及全体民众、提升人民群众对文化福祉的感受程度，已成为我国公共文化服务现代化建设必须着力解决的核心任务。这种以推动资源公平分配为指引的政策转变，充分体现了文化治理领域对包容性发展理念的实践响应。

3.共享性

在数字化和网络化深度交融的时代背景下，数据开放与协同创新已然成为推动社会进步的基本要求。公共数字文化资源的协同化建设作为现代文化服务体系的关键构成，呈现出显著的开放性特点。实施这一建设模式，需要对公众需求、供给主体以及评估机制等多维度要素进行系统整合，借助构建动态的信息共享机制，达成资源配置的科学合理。在此情形下，若要构建协同化的公共数字文化服务体系，需重点搭建基于多方利益相关者的决策架构，不断完善数据开放标准与共享协议，动态调整资源配置机制，进而实现信息的系统性交互与资源的有效整合。

4.安全性

当今社会已然迈入"数据资源化"时代，信息保护的重要性愈发显著。公共数字文化资源共建共享体系的构建，其基础在于大规模数据资源的整合与运用。在这一进程中，数字技术的深度运用固然提高了服务效率，但也不可避免地带来了多元用户信息泄露的风险。这种潜在风险不仅会对公共服务平台的公信力造成直接影响，还会从根本上削弱数字化文化服务体系的发展基础。鉴于此，我们有必要将安全保障原则确定为基本伦理准则，并将其贯穿于共建共享机制的设计与实施的整个过程。尤其要强调的是，信息安全防护体系的完善程度直接关系到该模式的构建质量和运行效率。只有构建科学完备的数据保障机制，才能保障数字化文化服务体系的可持续发展。

（二）公共数字文化资源制度建设的基本要素

在智能化技术应用与新媒体传播的背景下，对公共数字文化服务体系创新路径展开研究，其核心在于达成文化资源的优化配置与高效利用。此体系借助数字化服务平台这一技术载体，将政府机构、文化事业单位以及社会组织等多元建设主体进行整合。通过建立统一的技术标准与质量评价机制，依托多形态数字终端设备构建分层服务体系，逐步推进各项工作。最终的战略目标是实现文化遗产数字化保护与社会化服务的协同发展。

1.模式目标

公共数字文化资源协同建设机制的战略定位是该服务体系运行的逻辑起点与最终落脚点。这一定位体系不仅为资源整合实践明确了发展方向与效能预期，还对各构成要素起到约束作用，此特性在服务体系建设中起着决定性作用。基于这一点，在设定协同发展目标时，要着重考虑三大适配维度：其一，要以国家现实状况和战略需求为依据，保证目标体系与社会经济发展阶段相适应；其二，要达成双重平衡，既要满足人民群众不断增长的数字文化服务需求，又要保证中华文明数字遗产能够得到可持续传承；其三，要顺应媒介技术革新的趋势，使服务机制与数字生态系统的演进规律实现动态匹配。

2.主体对象

针对当前公共数字文化服务体系所面临的"封闭式发展"这一实际问题，构建多元主体协同的共建共享机制显得尤为迫切。在保证行政主体对公共服务发挥核心调控作用的同时，要大力推动数字文化供给侧的结构性变革，借助搭建开放型资源整合平台，充分激发服务主体的创新动力。具体来说，要积极引入文化事业单位、行业协会、创新创业个人以及企业等多种主体，打造多维度的资源共建体系，以此全方位提高公共数字文化服务的质量和效率。基于此，新型共建共享模式中的参与主体需具备双重适配特性：其职能定位既需契合公共文化服务的普惠性准则，又要拥有市场化运作的创新活力。

在公共数字文化服务体系构建过程中，需突出行政主体的核心地位。政府的核心职能具体可从三个维度体现：制度设计者、基础服务供给者和综合监管者。行政机构要借助立法以及政策手段搭建公共数字文化服务的制度框架，并且由于其作为公共服务的主要责任方，还需切实承担起基础服务的供给工作。值得一提的是，政府的监管职能具备双重特性：一方面要对自身服务产出开展质量把控，另一方面更要对多元参与主体的建设成效进行动态评估和过程监督。这种双重监管模式能够有力保障公共文化资源的服务质量，进而维持公民文化权益的实现程度。

构建社会协同机制需着重关注多元主体协作模式。要达成公众多样化的数字文化需求，关键在于推进公共数字文化资源供给侧的多元化改革。在此过程中，需打破传统以政府为主导的单一供给模式，构建社会资源整合机制。可采用政企合作开发、公共文化项目招标、签订知识产权共享协议、实施公益捐赠激励等协同创新手段，对高等院校、研究机构、非政府组织以及个人创作者所拥有的优质数字文化资源进行系统整合，从而形成多维度的资源供给体系。在具体实施方面，可开展制度创新，如建立文化资源数据库共建制度、完善第三方机构准入标准、优化数字版权交易机制等。

我国公共数字文化资源的共建主体呈现出多元化的态势，社会力量是其中重要组成部分，包含了多种不同类型的参与实体。从组织属性角度来看，这些主体可以分为四大类，分别是公益性机构、文化市场主体、工商企业组织以及普通民众。具体来说，公益性机构主要包括高等院校、各类研究机构以及非营利组织；文化市场主体则有文化传播类企业和文化创意团队；工商企业组织涉及跨行业经营的实体；普通民众指的是参与到公共数字文化资源建设中的个体贡献者。这四类共建主体借助协同合作机制，共同推动我国公共数字文化服务体系的建设。

在公共数字文化服务供给体系里，非营利性社会机构扮演着关键角色，其供给规模在整个体系中位居第二，仅次于政府部门。此类组织包含慈善基金、公益团体等多样形式，借助政社协同、企社联动等途径，为数字文化资源的整合式建设开展资金募集工作，并输送专业人才。具备商业属性的文化经营实体作为市场供给的主体，主要运用政府采购服务的模式，依靠市场化的运作机制，向社会公众提供文化数字化产品。这类营利性组织和非营利机构存在协同发展的可能性，二者能够共同推动文化资源的数字化整合工作。不直接参与服务供给的市场主体，会以资源捐赠的方式对文化数字化工程予以支持，从而形成辅助性的供给力量。值得关注的是，公众作为基础性的供给单元，拥有两条参与路径：既可以加入志愿性组织，也能够凭借个体的社会身份直接参与资源建设。需要着重指出的是，所有社会力量参与公共文化服务供给都要依赖政社合作机制。各类社会力量在参与过程中，都必须遵循政策框架和法律规范，同时能获得制度层面的保障。

搭建科学合理的共建共享服务模式，需对公共数字文化资源协同服务进程里的参与主体及其特征需求展开系统梳理，深入剖析各要素之间的内在关联，明晰不同主体间的利益分配机制。在公共数字文化资源协同服务体系中，主要参与方一般由以下构成要素呈现：

第一类主体：文化消费受众群体。此概念所指的是直接消费公共文化资源及其相关服务的社会主体，包括个人用户、公共文化单位、文化经营实体以及社会团体等多种形式。借助公共数字文化资源共建共享服务平台，这类主体能够达成跨区域的文化资源共享以及服务获取。他们的使用行为不仅为资源供给方创造了额外价值，还提高了共享平台的社会服务效率，从而构建起文化资源配置与利用的良性互动机制。

第二方：是参与公共数字文化服务协同供给机制的实施主体，具体来说，是承担资源集成以及平台运维职责的共建共享服务主体。其组织架构一般由跨行政层级的服务网络试点和协同参与机构共同组成。

第三方是指借助中间平台的技术手段，向由第二方运营的文化资源共享平台管理系统提交文化遗产要素或者其元数据，辅助服务终端达成文化服务供给的参与主体。这一概念包含了自然人、社会团体以及商业组织等多种社会力量。在数字资源共享机制里，第三方充当原始文化素材的提供者，依靠平台方的技术架构和服务网络，向终端使用者输送文化内容。

3.服务平台

（1）收集和分析公众数字文化需求

本研究搭建了双轨数据采集体系。第一步，同时借助物理空间和网络平台收集用户对于文化服务需求的数据。接着，利用大数据分析模块对这些异构数据开展清洗工作，提取其特征，并把处理后的结果在数字化服务界面以可视化形式展现出来。该系统将用户意见回传数据加以整合，形成动态需求图谱，进而为文化服务的提供方构建资源优化配置模型，最终达成精准化服务输出体系。

（2）实现对多元参与主体的全程管理

借助信息化管理平台，行政机构可对公共数字文化服务的多元供给主体实施系统性的规范化管理。具体来说，涵盖两方面内容：一方面，针对参与服务供给的各类主体开展资质认证工作；另一方面，对这些主体的服务绩效评估指标体系进行动态监测。

（3）全面接收服务的监督评价反馈

该平台作为具有公共开放特性的服务系统，可整合政府部门、社会公众以及第三方机构等多元评估主体反馈的信息数据。此运行机制切实达成了多方参与主体信息数据的集中采集与处理。

（4）向公众精准推送公共数字文化服务

公共数字文化服务体系建设的关键目标是，为社会成员打造高效获取并运用优质、多元且定制化文化资源的渠道。借助虚拟展览、多媒体点播以及智能推送等技术手段，全方位满足用户群体在文化权益方面的需求，从而增强社会成员对高品质文化生活的价值预期。

4.技术标准

公共数字文化资源协同建设与共享体系的达成，依赖于规范化的技术框架体系。此体系贯穿资源从生到灭的整个管理流程，其中包含信息采集、分类整理、长期保存、高效查找、安全传输以及质量评价等重要环节。具体涉及数字化采集的规范准则、资源组织与存储的标准要求、多模态检索的协议规定、网络传输的技术指标以及数据权限控制和安全保障的机制办法等技术元素。这些规范化技术框架的构建，直接关乎海量多源异构数字文化资源能否达成系统化整合与跨平台共同建设这一核心要点。

课题组的调研数据表明，当前我国在公共文化资源共享体系的建设进程中，所广泛运用的技术规范体系主要包含三个层面，即数据加工处理标准、元数据描述规范以及系统互操作性协议。具体来说，在数字资源协同建设的实际操作中，各个参与主体主要按照对象数据的标准化加工流程、元数据体系的统一构建规则以及异构系统之间的数据交互协议，来进行技术对接工作。

公共数字文化服务体系的协同建设要依靠多主体协同机制。各供给主体所提供的数字化资源呈现出明显的类型差异，且具有海量数据的特点。资源整合的关键在于制定规范化的数据加工技术标准，这一标准对于实现信息资源的可持续利用以及科学存储起着至关重要的作用。另外，推动元数据体系的标准化建设以及跨平台互操作技术的发展，能够切实提高公众对文化数字资源进行高效信息检索和资源整合利用的能力。

5.信息处理中心和服务交互终端

公共数字文化服务体系协同机制的发展成果，主要表现为对多维数据要素和技术手段开展系统性整合。该机制的实施基石是多元异构数据，其中既有终端用户文化服务需求特征方面的数据，也包含供给端的资源分布数据、智能化服务传输数据以及质量评估数据。具体来说，现代信息处理技术（例如大数据分析、云平台架构）在公共文化领域得到深入应用，促使上述异构数据在服务管理系统里实现有效集成和智能解析。借助技术赋能的系统整合机制，文化资源配置的精准性和服务供给的时效性得以显著提升，进而从系统层面增强了公共文化服务的整体运行效率。

根据前文对运行机制的分析，公共数字文化服务体系的共建机制需由行政机构发挥主导作用（可借助技术企业的协作），搭建专业化的数据管理中心。该平台主要具备三项核心功能：一是整合并分析公众的文化需求信息，建立定向服务推送机制，为供给决策提供支撑；二是对服务质量评价数据进行动态监测与评估，构建一个能让供需双方动态优化服务策略的反馈调节系统；三是对全系统的数据流转进行全流程的加密防护，保障服务链各个环节的信息安全。

在公共数字文化服务协同机制里，行政机构要搭建多元化的信息服务接入平台。此平台体系应整合基于个人电脑的Web门户、移动智能终端应用程序以及社交媒体平台官方账号等线上渠道，并且配备实体自助服务设施与人工服务窗口相互结合的综合服务模式。社会成员能够根据自身需求特点挑选合适的服务途径，这种分层式的服务架构切实增强了数字文化服务的可获取性。借助多维度服务节点的设置，既保证了不同技术能力群体获取服务的路径畅通，又改善了用户的服务感受。服务过程中所产生的用户行为数据，可以为服务供给方优化资源配置提供决策依据，进而形成服务供给与需求反馈的动态平衡机制。

（三）公共数字文化资源共建共享的建设机制

公共数字文化资源协同建设与共享机制是一个系统性的框架体系，兼具结构维度和运行流程两方面属性。此机制主要由目标定位、参与主体、服务载体、技术框架、数据处理中枢、用户终端、评估机制和标准体系等关键部分组成。在多元化协作、公平性保障、主体参与、效能优化、资源共享以及信息安全等原则的引导下，这些要素构建起协同运作的关系，最终形成一个具备功能整合效应的有机整体。

协同型资源共享机制的核心逻辑是：将社会群体对数字化文化的需求作为系统运行的初始动力和持续引导方向，在此基础上，促使多个参与主体协同打造数字化资源体系。同时，依靠智能化评估模块对服务效能进行动态监测，并不断进行迭代优化。此机制借助构建反馈回路，持续调整资源配置策略，使服务供给与需求端能够精准匹配，最终实现公共文化服务体系的可持续发展。

1.精准识别公众需求

达成供给与需求的动态协调，重点在于服务主体精准掌握群众的文化诉求，从而实现资源的合理适配与服务效能的提高。对于数字化时代公众文化需求的捕捉机制，要搭建多维度的信息交互渠道。在需求收集阶段，需打造双向互动机制：一方面，通过设立需求反馈激励制度以及完善需求收集网络，增强公众参与文化治理的主动性。比如，构建"需求积分"奖励体系来推动公众表达需求，或者组织专项调研活动以获取深层次的需求信息；另一方面，服务主体可以借助共建信息平台的技术长处，利用大数据分析技术深入挖掘显性需求数据，通过构建需求预测模型来分析文化消费行为的规律，同时创建需求验证机制，以此评估需求信息的有效性和可靠性。

2.科学决策供给配置

政府公共文化服务供给体系有必要构建基于需求识别的动态调控机制。供给主体需在政府部门的统筹协调下，运用需求分析模型来制定科学合理的供给策略，进而优化资源配置。在具体的实施进程中，可利用数字化、信息化以及智能技术开展数据分析工作，以此形成数字文化资源的动态配置方案。资源配置的关键环节是搭建数字文化资源的整合机制和共享平台，着重处理资源约束情形下供给效率的优化难题，也就是在资源有限的框架内达成供给效益的最大化，具体体现为资源获取的经济性与使用效能同步提高。

第三节 数字文化产业的数据驱动

一、数据作为数字文化产业的生产要素

在第四次工业革命的推动下，全球产业格局发生了深刻变化，人类社会进入了数字化发展的新阶段，生产要素体系也经历了根本性的重构。在传统生产要素体系中，数据资源原本只是一种辅助性资源，如今却已成为驱动现代经济体系

转型升级的核心动力。从数字文化产业的发展实践来看，数据要素深度融入产业系统运行的整个周期，促使产业链各环节在生产流程、资源配置和价值创造模式等方面实现优化、革新和质的转变。

（一）什么是数据

数字信息载体在人类社会发展进程中，发挥着消除环境认知偏差以及市场信息差异的作用，它借助提高要素配置效率来增强社会运行效能。这一情况证实了在人类文明发展进程中，信息采集、知识转化和社会效能提升之间存在着内在的关联机制。传统的数据概念未能充分体现信息技术革命背景下数据采集与分析能力所发生的质的变化，尤其是在分布式网络节点和智能感知设备得到广泛运用的数字时代。在现代信息技术的语境当中，数据的范畴已经超越了传统信息和数字化知识的界限，它专门指的是多元信息源（像网络用户、智能终端等）在数字空间里生成的原生记录单元。这类数据具备机器可解析的特性，能够当作深度学习等人工智能技术的输入材料。从社会生产的角度来看，这类数据通常具有伴生性，也就是它们是各类社会经济活动中产生的非预设性信息产物。不过需要注意的是，这些数据资源经过智能算法处理之后，能够转变为具有明显经济价值的生产要素，在知识创新和价值创造领域体现出独特的应用潜力。

（二）数据嵌入数字文化产业系统

在政策引导和技术革新的双重作用下，数字经济与文化产业深度融合，催生出新型的产业形态。数字技术作为基础性通用技术，其系统性应用促使文化生产体系发生结构性变化，形成了传统文化业态数字化转型和数字文化业态原生发展同时存在的产业格局。传统文化产业的数字化改造主要表现为文化载体向线上转移，其技术应用还停留在物理层面的形态转变。与之相比，原生型数字文化业态依托虚拟网络空间，以数据要素作为核心驱动力，构建了涵盖产品形态、商业模式和组织体系的完整产业生态，已成为现代经济体系的重要组成部分。数字文化业态的创新性突破主要体现在大数据技术的系统性整合上。这种整合并不是传统意义上的工具性运用，而是形成了双重渗透机制：一方面，数据资源要素通过大规模的文化数据沉淀，重新构建产业基础要素体系；另一方面，技术要素借助算法模型和算力支撑，重塑产业运行机制。二者的协同效应不仅优化了文化产品从创意产生到消费实现的全产业链条，还通过数据驱动的决策机制，重新塑造了产业主体的行为逻辑，进而引发产业组织结构、互动模式和制度体系的系统性变革。

1.数据作为一种生产性资源

数字文化产业和数据资源构建起了协同互促的共生关系。从产业特性角度来说，数字文化产业是内容密集型产业的典型，它具有多元产业形态，由网络影视、互动娱乐、在线音乐等十大细分领域组成。统计资料表明，全球文化数据规模仅次于政务数据，我国超过十亿的互联网用户基数更是催生了数量极为庞大的文化数据储备。把这类海量的数据资源作为基础要素纳入文化生产体系，不但能够提高文化产品的生产效率，而且能切实增强文化服务的经济价值与市场竞争力。与此同时，该产业在内容创作、产品开发、市场传播、消费流通等全产业链环节所产生的结构化数据，再加上用户行为轨迹、互动反馈以及社群行为等非结构化数据，共同构成了大数据生态系统的重要数据来源。这种双向价值循环机制有力地推动着文化产业数字化转型向纵深发展。

2.数据作为一种技术要素

（1）数据重塑组织结构阶段

在技术刚应用于产业领域的初始时期，它与产业系统的融合存在明显障碍。此时，技术系统表现出较强的外生性强制力特点，产业主体在进行技术适配时处于被动状态。大数据技术体系蕴含着独特的运算逻辑和操作规范，其中包括信息权重判定机制和运算优先级的设定，还涵盖多维节点的交互架构。技术向文化产业渗透，本质上是把新型数据处理范式和运算规则嵌入现有产业体系的过程。在此进程中，文化产业的实体组织架构、成员协作模式以及信息处理机制等核心要素，经过技术转化后形成数字化映射，借助技术系统的标准化处理得以显性展示并实现动态可视化，进而促使产业组织形态发生结构性改变。现阶段的技术融合主要局限于操作工具层面，凸显出信息采集方式粗糙、数据资源分布分散、信息价值转化效率不高等实际问题。

（2）数据促进制度变革阶段

在技术适应的中期，行为主体的自主调节能力和技术创新要素逐渐构建起协同机制，二者达成动态平衡。企业治理体系和技术革新之间的矛盾明显呈现，这一相互作用机制成为推动组织制度不断优化的内在动力。当技术要素深度融入组织架构和成员协作网络时，工作场域的技术生态出现了结构性的改变。在这样的情况下，组织成员依据实践需求慢慢演变出非正式的规范体系，而现有的制度框架会对技术创新进行边界约束并引导其发展路径。这种双向的相互构建关系具体体现为：技术的更新换代促使组织规则做出适应性的调整，而现有的制度安排则借助标准化流程和技术应用评估机制对创新的扩散起到规范作用。

（3）数据推动制度再生产阶段

在这一发展周期中，创新技术尚未占据主导优势，人类主体性依旧处于支配地位。社会行动者通过主动顺应技术系统的内在运行规律，推动现有组织架构的革新，进而实现技术效能的最大程度释放。

生产要素配置的优化与数字技术的融合运用，促使文化产业在微观层面实现转型升级，推动市场主体对其组织架构和运营机制作出适应性调整。此过程不仅使产业内部的价值创造范式得以重构，还推动了行业参与者认知框架的深度革新。

（三）数据在数字文化产业系统中的作用机制

数字技术深度融入文化产业链的运行体系，借助全流程再造机制对产业价值创造进程产生系统性的作用。从产业运作层面来看，大数据技术已全方位融入创意研发、产品制造、市场推广以及终端消费等关键环节，有力地推动了生产要素的跨领域整合与动态匹配。这种技术赋能的力量，不仅加快了组织结构的迭代更新，更为关键的是带动了产业价值创造范式的革新升级，促使文化产品的供给模式由资源消耗型向技术驱动型转变，最终达成产业运营效率与核心竞争力的同步提高。

1.数据融入文化创意设计

在推动数字文化产业发展的过程中，原创性内容设计是其核心驱动力。此类文化商品具备双重属性，既是能够创造市场价值的经济实体，也是可以生成社会效益的文化载体。消费者在挑选数字化文化产品时，其根本诉求并不是技术方面的体验，而是着眼于数字技术载体所蕴含的精神内涵。这种深层次的文化价值认同，正逐渐成为推动现代文化产业转型升级的核心要素。

在文化创意生产范畴，大数据技术从三个维度助力产业升级。首先，在创作执行方面，大数据技术凭借智能化辅助工具打破传统思维局限，搭建数字化创作架构。借助对创作过程中动态数据流的实时监测，构建全流程数据跟踪与量化分析体系，深入剖析数字文化产业的运行规则，切实降低创意更新成本，推动技术元素与内容生产的深度融合，达成创意层面的全方位拓展。其次，数据收集与智能处理技术为文化素材资源的迅速获取提供了技术保障。运用算法模型对创意方案开展可行性模拟，不但大幅提高资源配置效能，还能及时把握文化消费市场的动态喜好。基于对用户行为数据的深入挖掘，产业主体能够构建需求响应模式，形成个性化定制与批量生产相互结合的双向供应体系，有效激发市场需求的长尾效应。最后，依靠海量数据存储与分布式计算技术，打造文化产品的多模态评估体系。通过对作品节奏样式、情感图谱、叙事逻辑等要素进行结构性分析，建立创作优化的反馈机制。这种以数据为导向的质量提升途径，有助于打造具备核心竞争力的文化产品集群，增强文化服务市场的差异化优势。

2.数据融入文化生产

数字技术给文化产业的生产空间、参与主体以及价值创造模式带来了结构性改变。生产场域朝着平台化转型是其首要特点，移动通信技术和实时交互网络搭建起新型社会交往形式，引发文化消费行为在空间上的转移。网络用户聚集产生的规模效应，迫使产业组织形态从线性架构向平台生态系统转变，重新构建了文化产业链的价值传导机制。这种网状的产业组织消除了供需双方的界限，使得价值链各节点主体不断优化决策模型。平台化运营达成了文化企业业务流程和个体行为的数据化映射，为精准信息匹配和交易效率提高提供了技术支撑，拓宽了市场主体的发展维度。技术的不断迭代促使产业参与主体呈现多元化趋势。新型信息基础设施降低了内容创作的技术门槛，让文化生产体系从以企业为主导转变为多主体协同合作。

3.数据驱动文化营销

数字技术的运用深刻重塑了文化产品流通范式。数据编码和网络传输技术的融合持续推动内容形态标准化。出版物及音像制品经数字化转换后，不仅突破了物理载体在传播方面的限制，还大大地提升文化产品的流通效率。依托网络拓扑结构的动态交互架构，文化传播呈现出了两方面的进展。第一，分布式节点传输切实提高了信息流动的速度。生产者能动态更新产品信息，消费者通过便携式智能终端即时获取并进行二次传播，突破时间空间的壁垒。第二，智能推荐算法实现精准触达。基于用户画像和行为分析，实现文化产品与消费需求的动态匹配。这种兼具目标定位和时效性的推送机制，扩大了文化传播的覆盖范围，大大增强了传播渗透率与转化效能。

二、数据提升数字文化的产业效率

（一）数据降低成本

数字要素作为一种新型生产资料深度参与到产业运行当中，能够有效减少文化数字化进程里的运营损耗以及交易费用。从生产层面来看，对数据资源进行整合应用，能够优化要素投入结构，提高边际产出效率。一方面，在创意生产阶段，多元异构的数据资源为文化产品的研发提供了创意素材和灵感，推动文化资产价值向文化消费端转化。在数字技术的支持下，多主体协同的价值共创机制逐渐形成，劳动者借助分布式协作模式对生产范式进行革新，实现数据要素的复合价值转化。另一方面，数据资源具有共享特性和网络效应，通过与资产、技术等要素深度融合，能够形成要素配置的乘数效应，驱动生产函数结构性优化，使规模经济效益呈指数级释放。在流通环节，数据要素重构了价值传递效率。在供给端，依托分布式计算，实现社交媒体和搜索引擎的舆情数据实时抓取，能够精准研判文化产品的定位，规避传统调研中的试错性损耗。在需求端，构建消费者特征的多维知识图谱，利用智能推荐算法实现文化服务的靶向触达，既提高产品供需匹配精度，又压缩交易成本。这种双向数据赋能机制，构建了供需精准耦合的良性循环系统。

（二）数据的增值性

1.提供科学决策

网络空间里的多元异构数据资源搭建起虚拟映射系统，把实体世界中的复杂要素转变为能够进行量化分析的可视模型。这种数字化的展现形式让人类得以从系统、客观的角度剖析事物的本质及其演化机制，切实增强了认知维度的完整性以及决策过程的科学性。从技术特点来说，数据要素拥有边际成本趋近于零以及可共享的优势，其规模经济属性和非独占特征大幅降低了信息获取的门槛，促使知识传播体系由封闭状态转变为开放状态，进而提高了人类对客观世界认知的精准度和共识程度。在这样的背景之下，数字文化产业的决策机制出现了范式转变，以经验为导向的决策模式逐步被基于"数据＋算法＋算力"的智能分析体系所革新。产业主体通过对海量异构数据进行采集和处理，并结合机器学习等算法模型开展深度挖掘，能够实现对市场动态的实时监测、对发展态势的模拟推演以及对运营风险的量化评估，从而制定出有数理依据支撑的产业规划和经营策略。

2.促进经济发展

在数字技术赋能的驱动作用下，数据要素打破了时空限制，构建起新型生产要素结构。移动终端和网络技术的融合，让人类活动具备了全时段、跨地域的在线特性。这一技术革新，不仅加快了传统生产要素的流动速度，还大大地提高了其使用效率，同时为数字文化产业活动拓展了多维度空间，构建起一种特殊经济形态下的区域跨越发展机制。线上消费场景以及云演艺等新兴业态的出现，从根本上重塑了文化产业的时空格局。消费者不再受物理条件的制约，能够更便捷地进行文化体验，从而有效满足了服务供给在跨区域、异步对接方面的需求。在产业内部，数字化协同联动机制借助技术集成达成了跨行业的资源整合。依托数字化协作平台的搭建以及知识付费模式的创新，不同市场主体能够充分发挥自身的比较优势，通过优化要素组合的方式，培育出经济增长的新动力。

3.实现要素增值

数据要素具有泛在渗透特性，这一特性既体现于对自身价值的深度挖掘，也体现于和传统生产要素的协同运作，而这种相互作用有力地促进了全要素生产率的优化提升。其价值增值机制主要通过三条路径达成：其一，对数据资源进行整合能够大幅降低信息不对称程度，通过提升信息获取的经济性，让数字文化产业的决策者能够精准地配置资源，从而生产出高附加值的文化产品与服务。这种资源配置的优化大大地提高了传统生产要素的使用效率，借助边际收益递增效应实现价值的大幅提升。其二，数据要素的虚拟化特点引发了传统要素替代现象。数字文化产业依靠虚拟空间开展运营，有效减少了实体场所和基础人力的投入，同时智能技术的应用逐渐取代基础性劳动，实现了生产要素组合的重新构建。这种替代机制促使社会资源向高效益领域汇聚，达成生产要素的帕累托改进。其三，数据要素发挥着融合剂的作用，深度融入劳动、资产等传统要素体系之中。通过构建全要素协同网络，增强要素之间的互动联系和价值传导，形成生产要素的耦合共生机制。该机制不断激发要素组合的结构性潜力，在乘数效应和网络效应的共同作用下，推动数据生产力呈指数级增长。

（三）从数据资源到数据资产

数据价值的演进进程遵循三级转化规则，具体呈现为资源形态、资产形态和资产形态的递进式演变。这三种形态借助动态循环机制构建起完整的价值转化链路，促使数据价值历经从潜在状态向显性状态的转变，最终形成具有增值效果的演进轨迹。

数据资产的形成起始于原始基础资料，这些基础资料是网络社会活动的伴生品，本质上具有初始性和静态化的特点。从价值层面来看，此类资料本身没有直接的经济价值，不过蕴藏着潜在的实用价值。我国身为全球最大的互联网应用市场，虽拥有强大的海量数据生成能力，然而数据形态大多是非结构化的，且分布较为零散，需要依靠先进的信息处理技术进行系统整合和深度挖掘，才能使潜在价值得以实现。数据资产转化的关键环节是，通过专业的处理流程，从繁杂的原始资料里挑选出高质量的动态数据要素，再利用技术手段对数据形态进行标准化改造，最终构建起具备可采集性、可视化、可应用性和可信度的结构化数据体系。

数据资源作为一类新型生产要素，其资产化主要表现为企业能够掌控的量化资产形式。此资源若要实现自身价值，就必须深度融入产业运营体系，通过与生产实践进行有机结合来激发其经济效能。在价值转化机制里，数据资产存在着两条作用路径：一方面，在企业微观层面上，数据资产贯穿于研发制造、市场推广以及用户服务等整个流程，借助提高资源配置效率来重塑产业运行模式，从而增强价值链各环节的运营效能；另一方面，凭借其广泛渗透的特性，数据资产能够突破传统产业的界限，推动技术融合与业态创新，尤其是在数字文化领域会催生出复合型的产业形态，通过重构生态来拓展价值网络。这一双向作用机制共同构建起数据要素价值创造的完整闭环。

数据要素向资产形态的转变过程，从本质上来说，是一个借助价值挖掘并与外部经济活动相融合，进而达成价值增值的系统工程。这一转化机制以组织形态的革新和产业协同效应为依托，能够切实提高资源配置的效率以及技术应用的效能。它促使数据要素实现商品化转化，使其得以进入市场流通体系，以此推动数据要素的价值转化。其核心特点是打破行业壁垒，构建起多维关联网络，把离散、零碎的原始数据转变为拥有多维应用场景和深层分析价值的知识资产。

第二章 数字文化框架下的高等教育数字化进程

第一节 数字化教育的变革

一、开启新一轮数字化教育变革

多数新兴产业在初创时期一般会展现出明显的社会关注度波动周期。具体情形是：在产业刚形成的时候，常常会吸引舆论的关注，进而形成一个短期的认知高峰；不过，随着时间的流逝，这种市场关注度通常会逐渐回归理性。需要着重指出的是，当产业历经技术转化周期并构建起成熟的商业模式之后，其市场价值会借助实际应用场景达成二次增长曲线。这种产业生命周期的典型特点，实际上体现了技术创新从概念验证向市场验证转变的演进规律。

语音识别、人工智能算法、实时互动直播系统、海量数据处理以及分布式计算平台等核心技术不断突破，促使数字化教育领域获得了稳固的技术支撑。这些技术成果在产业层面的应用，大幅降低了行业的进入门槛，让新进入的教育实体可以凭借成熟的技术框架，在特定的学科范畴或教学情境中推行精细化的运营策略。

线上教育是互联网技术与教育相融合的成果。历经多年的发展，如今该领域的课程内容建设形成一套完整的资源架构，能够充分契合教学对象多样化的特点和分层次的教育要求。

二、数字化教育环境下的技术应用

现阶段，以云计算、网络传输以及终端设备作为支撑的数字化基础设施体系已搭建起基本框架。凭借数据挖掘技术，学校可对教学实践、学习者特点、行政管理以及科研活动等多方面数据开展系统性整合，从而提高教育服务的个性化程度。分布式计算技术为海量知识资源的存储与管理给予技术保障，广域网络架构有力地打破了物理空间的束缚，达成泛在学习场景的搭建，社会化媒体平台则大幅强化了教学过程中多主体间的协作与交流。

（一）云计算

云计算技术应用于数据管理与存储领域，可让组织机构达成大规模信息资源的高效整合与优化配置。将此技术引入教育领域后，形成了"教育云"系统架构，这种技术融合为教育信息化体系的发展搭建了技术框架。"教育云"系统借助构建分布式计算集群和虚拟化资源池，达成对教育数据的智能分析与数字化重塑。针对教育工作者、学习者和教育行政机构，该平台提供集成化的服务保障，其核心功能模块能够有力支持教学活动开展、个性化学习进程推进以及教育治理效能提高。

（二）互联网、移动网、物联网

现代信息通信架构是由多种类型的终端设备所组成的，其接口呈现开放状态时，表明系统正处于活跃的工作模式。借助拓扑结构的动态拓展，可构建起网络架构与终端设备之间的双向通信链路。在"三网互联、双平台构建"工程的推进期间，学校的物理层传输介质已基本实现光纤化改造，构建起了具有层次化特点的网络基础设施，这为智慧教学系统的实施提供了技术支撑。

三、数字化教育的发展趋势

（一）以数字化推动教育转型

1.智能网络时代的教育新形态

在信息化技术的推动下，我国教育资源配置效率和服务适配性得到了显著提升。教育系统与互联网技术深度融合，使得社会大众的教育观念、学校的办学模式、个人的学习方式以及课堂教学模式都发生了根本性的变化。若要有效抓住数字技术助力教育发展的历史机遇，推动教育现代化进程不断深入，关键是要科学认识网络技术影响教育转型的内在规律，并且系统研究智能化教学场景中的实施途径和创新形式。

从本质角度剖析，数字化进程的实质是对网络资源进行高效整合，借助ICT

技术与产业的深度融合来推动行业的转型升级。历史的发展演变奠定了当代社会的认知根基，其中蕴含的内在规律对于研判未来走向有着重要的启示意义。基于这一点，需对教育发展的历史线索进行系统梳理，特别要着重探究工业革命以来教育模式的更迭路径。这种从历史维度展开的考察能够揭示教育变革的内在机理，为精准预判数字化教育的发展趋向提供历史参照。只有把历时性研究和共时性分析有机结合起来，才能够构建起理解教育数字化转型的科学认知架构。

教育发端于人类的劳动实践活动，从本质来说，它是社会主体达成社会化的关键机制。作为人类文明得以延续的基本途径，教育的存在形态一直和人类文明的发展进程同步演进。回顾人类社会的发展历程，从采集渔猎时代迈入农业文明阶段，接着历经工业革命，直至如今的数字文明时代，社会生产方式不断迭代升级，持续促使教育体系进行适应性的调整。这一动态的演进过程主要体现在知识体系构建、教学场域转变以及知识传播模式创新这三个重要维度。

当下，人类文明正处于从工业社会向信息社会转变的关键时期。需要注意的是，现有的教育体系依旧有着明显的工业化特点，这种路径依赖的情况预计会在未来很长一段时间内继续存在。教育数字化转型会对教学活动的空间范围和组织形式进行重新构建，在推动教育公平的同时，促使教育体系进行结构性的优化。在这样的背景之下，要实现从教育大国迈向教育强国的目标，就需要全面掌握数字技术推动的教育范式转型规律，强化教育改革的顶层设计和制度创新。这一方面要求决策层深入认识技术革新对教育系统的重构作用，另一方面还需要构建适应数字时代的整体性教育改革框架。

2.从工业时代到信息时代

教育信息化体现了教育体系由工业化社会向信息化社会的结构性转变。目前，学术界在信息时代教育向智能时代教育的升级路径方面的研究尚存在空白，而这一领域将是未来教育智能化研究的重点方向。

（1）信息时代教育的关键特征：差异化和联通学习

相较于前三个发展阶段，信息时代在教育模式、育人目标以及教学场域方面均展现出明显不同。此阶段的学习范式已转变为连通式知识构建，教学资源呈现出网状拓扑形态，其内容编排深度融入学习者的生活情境和职业发展路径，凸显出较强的社会协同特性与分布式认知特点。在数字技术重塑的教育格局里，教学系统开始注重采用智能适配的学习策略，着重培养具有数字生存能力和创新实践素养的新时代人才，这一育人方向充分反映了数字化转型对教育本质的深刻影响。

（2）工业时代教育的关键特征：标准化和掌握学习

工业社会阶段的教育体系，其核心特征为在封闭式校园环境中开展知识传授工作。在这一时期，集体化课堂教学形式成为构建基础性知识体系、让学生习得实用技能的主要途径，学界将这种教学范式统一称作"双基"教育。此教育模式借助系统化训练与强化实践达成知识内化的目的，其标准化的教学组织形式与工业化社会对大规模培养人才的客观要求高度契合。

基础教育课程改革一直把推动学生自主探究与合作学习当作核心目标。然而在实际操作中，当下的教育体系和传统工业化时期所形成的教学模式依旧存在着较高的相似性。需要注意的是，在从标准化知识传授迈向差异化人才培养转变的重要时期，现代信息技术与教育的深度融合正逐渐成为促进教育范式变革的核心动力。

3.技术驱动产业升级

（1）技术集群重构教育生态：创新学习内容与明确人才培养目标

工业时代的教育体系锚定标准化技能，其课程设置与大规模生产需求相吻合。随着科技革命推动经济范式迭代，人才素质的需求发生范式级迁移，传统的教学体系与社会需求之间产生了适配性断裂。21世纪以来，世界主要经济体基于数字竞争，陆续对基础教育课程体系和人才评价标准进行重构，旨在构建契合数字经济时代知识图谱。这场变革以教学目标的重构为牵引，以课程结构的全面优化为路径，实现了教育系统对社会生产范式演进的主动调适。

（2）高速发展的互联网使用户的学习突破了时空因素的限制

随着全球信息技术的不断发展，多维空间对人类认知活动的叠加效应日益凸显。从空间构成来看，实体物质空间作为客观存在的根基，是人类传统活动模式的载体。以物质实体创新为基础衍生出的数字化场域，包含智能设备、数据交互与人机协同等要素，形成了具有网络拓扑特征的数字生态圈。而借助扩展现实、智能算法和泛在连接搭建的沉浸式交互环境，构建起了虚实共生的新型网络维度。这三元空间通过物理层整合、信息层聚合和认知层融合三个维度搭建起协同框架，该整合机制可使离散要素实现系统化归集，展现多维关联特性，进而形成统一的逻辑架构体系。

（3）身处数字时代下的用户要求改革传统的教学及学习方式

随着数字技术的持续深入发展，教育生态系统的基本要素被重新构建，具体体现为知识传播途径、教学组织形式、认知发展过程和资源交互模式等方面均发生了结构性的改变。在数字技术赋能的这一背景下，现代教育主体要增强社会性知识建构的能力，借助群体智慧的协同作用以及创造性的问题解决策略，达成技术工具与认知发展的深度融合。教育系统的革新应当以学习者的发展规律作为逻辑起始点，通过对教学认知模型和实践范式进行系统性的重构，构建起教育供给与个体成长需求之间的动态适配机制。

在工业文明阶段，教育系统大多运用单向知识传递模式，学习者作为信息接收的末端，主要负责将知识内化为自身的储备。而随着数字化教育生态的构建，教育主体渐渐从单向接收知识转变为双向互动交流，学习者不只是能够吸收知识，还在功能上拓展到了知识创造领域。尤其值得留意的是，当代学习者明显倾向于场景化认知和碎片化知识整合。当前教育体系中的知识传递方式与学生的认知特点存在系统性的不匹配，这主要体现为教育主体对学生认知的了解存在局限。追根溯源，传统教育模式与数字时代成长起来的学生的认知特点存在代际差异，无法满足智能时代对人才培养的要求。需要引起警觉的是，学校在数字化转型过程中呈现出发展不均衡的状况，学校之间数字化能力的差距导致教学质量出现了梯度分化。要解决这一问题，就需要构建新型教育治理体系，通过搭建基于学习者画像的需求分析机制，全面剖析其认知发展路径和知识构建规律，从而推动教育供给侧的结构性变革。

二、数字化教育的特征与发展趋势

（一）技术特征与优势

进入新世纪，信息技术革命推动教育领域踏上数字化转型之路。2000年以后，随着智能技术不断深入融入，教育生态系统发生了根本性的改变，数字化手段成为教学创新的关键载体。教育技术的发展具有阶段性跃迁特点，从最初配置基础设施，发展到建设智能化教学平台。比如，多媒体投影设备、计算机实验室逐渐升级为智能交互课堂和云端教育系统。这种技术融合趋势不但重塑了课堂组织形式，还推动教学范式从传统讲授模式向混合式学习生态转变，使知识传授途径产生了实质性变化。教育实践数据表明，目前超过78％的教学机构已完成教学流程的数字化改造，这意味着教学模式步入了智能化发展阶段。

现代教育技术体系具备四大核心特征：全流程数字化处理机制、AI赋能的智能化决策模式、云端协同交互网络及多媒体呈现方式。凭借这些技术优势，能系统性攻克教育实践里的复杂问题，驱动优质教育资源全域化整合，构建智能管理闭环实现师生高效互动，并能为素质教育的全面深入改革推进提供技术保障。

（二）发展阶段与特点

1.计算机辅助教学阶段

这一时期，学校配备了多媒体教学系统，以多模态演示系统（台式计算机、交互式电子板以及数字投影装置等）替代了传统的挂图、黑板和幻灯片等教具。通过可视化技术，实现学科教学里的关键知识点和疑难问题解析。针对高抽象的学科概念，运用动态三维模型可以增强学生的具象化认知建构，有效推动学生对知识的理解，提高其学习积极性，激活学生学习内驱力。此阶段技术应用的最大特点表现为教学工具的数字化迭代，本质上依然是传统教学范式的技术化延伸。

教育工作者和行政人员正逐渐把计算机技术运用到教学管理工作中，重点涵盖课程资源调配以及教学流程优化等关键环节。这种借助信息技术的管理模式，不仅能切实提高管理效率，保证教学活动得以有序开展，还可达成对教育运行数据的动态监控。目前，我国东部经济相对发达地区的一些学校，已依据自身实际需求开发或者引入了专门的管理系统，不过各功能模块之间依旧存在信息孤立的状况。鉴于数字化转型的趋势以及不断提高的精细化管理要求，打造集成化的教育管理平台成为教育信息化发展的必然走向。

2.计算机辅助学习阶段

在计算机支持的自主学习阶段，学习者要依靠数字化工具来进行认知建构。随着基础教育信息化设施覆盖范围不断扩大，学校内部的网络基础设施以及线上教学平台也在逐步健全。在这一发展阶段，借助信息技术的发展，教育模式从知识传授转变为能力培养。学校开始对学生数字素养的发展进行系统监测，引导学习者利用智能终端自主搜索学术资料，开展项目式探究学习，运用计算设备解决学科中的疑难问题，营造研究型学习环境。

本阶段从教师端的计算机辅助应用，转变为师生双向互动的技术支持模式。此阶段重点聚焦在基础设施建设和技术平台优化的双维推进。具体来说，一方面完善高速校园网络系统，并配置智能触控显示终端等数字化设备；另一方面推进多功能教育资源平台和智能化教学空间的整体建构。其目的在于打造以学生为核心的自主探究式学习生态系统。

（三）数字化教育技术演进发展趋势

1.虚拟现实与增强技术

现代信息技术革新持续推动协作式学习模式不断升级，构成教育数字化进程的关键演进维度。以沉浸式交互技术、增强现实及混合现实平台等为代表的新型教育技术工具，通过构建高趣味性与强互动性的拟真教学环境，显著提高了课堂知识的传递效率。这些技术不但重构了教学活动的空间维度，还通过多感官刺激强化学习主体的认知参与度。

虚拟现实技术依托三维交互原理构建数字化教学环境，多感官沉浸特性是其核心特征。此技术利用头戴显示设备创建高仿真的数字环境，实现虚实空间的场景转换及教学资源的整合。在教育应用范畴，该技术既能把现实世界中的元素数字化处理后引入课堂，又能借助虚拟场景的重建打破传统教室的物理界限，形成双向互动的空间转换，有效突破了物理空间对教学活动的约束，可以实现远程实地考察以及微观宏观场景的展示。

增强现实是人机交互的关键技术，其实现基础在于真实场景的实时构建。基于虚实融合的特性，该技术体系主要用于民用领域的技能训练与工业生产环节的模拟教学。其本质特点在于，通过环境感知装置来获取物理空间的实时数据，进而达成虚拟信息与实体世界的精确叠加。

混合现实技术作为增强现实与虚拟现实的系统集成形态，依托数字信息和物理空间的交融，构建了新型的交互场域。其教育特性表现为虚实环境的无间隙融合、多维度的交互操作以及跨时空教学场景的协同建构。不像虚拟现实技术的封闭性数字空间，也不像增强现实技术仅对现实环境局部信息进行增强的方式，混合现实技术通过三维标定和实时渲染技术，构建虚实交叠的沉浸式场域，消解传统技术在物理空间和数字空间之间设置的区隔边界。

在交互维度方面，混合现实技术主要呈现出两方面特性。首先是构建人机环境交互系统，将虚拟现实和增强现实的技术特点进行有机融合，打造出具有高度沉浸感的虚实融合场景。通过先进的传感器设备，用户可以实时获取混合现实系统中的视觉动态、触觉振动以及语音提示等多维度反馈信息，并能运用触控界面、空间姿态识别、肢体动作捕捉以及语音指令等多种交互途径来实现对环境的操控，进而形成了双向动态的信息传递机制。其次是支持多用户协作模式。该技术通过整合分布式通信架构，为教育领域的创新提供了多维度的交互支持。这一技术框架让学习者能借助虚拟形象、协作式三维操作界面等创新工具开展知识构建与经验分享，其技术优势可用于远程教学、虚拟实验教学以及抽象概念可视化等教育场景。

混合现实技术在推动虚拟环境和现实世界实现多维整合时，可依靠数字化处理技术达成跨时空场景的无缝衔接，构建起多维度场景的协同展示机制。此技术能够打破物理空间的约束，对异地学习者的全息投影数据展开动态整合，进而形成分布式的虚拟学习共同体。把这种技术特性与教育实践相融合，为远程教学指导系统以及多用户协作式学习模式提供了具有创新性的解决办法。

2.从传统教室走向智慧课堂

教育数字化转型的关键保障是打造智能化教学场域，随着前沿信息技术的不断更新，这一目标正逐步达成。从系统构成层面来看，智能化学术生态系统借助整合虚拟和现实的教学空间，打破了传统课堂在时间和空间上的局限，构建起能够支持学习者自主探索、推动核心素养提升的多维学习场景以及技术支撑体系。此体系主要涵盖智能化教学终端、个性化学习路径生成系统以及多模态数据交互平台等核心部分，其目的是实现差异化教学与精准化评价的有效结合。

学校教育的关键阵地是由实体教学空间、虚拟学习场所以及二者融合形态一同构成的教育实践核心场域。智能化教学系统的技术框架依靠教育云平台达成数据的存储、处理和服务支撑，利用物联网技术达成智能终端和信息系统之间的相互联通，构建起云端、网络与终端之间的数据交互体系。该系统拥有动态响应的特点，借助对教学过程中即时数据的分析，能够对教学策略和实施办法进行实时优化。这种技术集成式教学环境由于其特有的应用价值，在教育信息化发展过程中体现出重要的实践意义。

首要特征表现为教育决策具备数据驱动的特性。对教学活动中产生的多维度信息开展系统性剖析，构建起针对教学运行状态的动态监测机制，进而设立教学策略与实施方案的动态优化机制。该模式的关键在于打造一个以学习成效为依据的闭环调控体系，借助持续的数据反馈达成教学过程的精准调控。

其次，搭建动态评估体系。此体系可协助教师对教学方法以及课程内容设计加以优化，还能助力学生精确找出知识盲点，提高学习成效。借助对双向教学数据展开监测与剖析，构建起师生相互促进的良性循环，切实解决传统教育情境里反馈不及时的难题。

智慧课堂环境具备显著优势，可依托全周期动态采集的数据资源开展学习效果评估。基于此构建数据驱动的教学范式，能推动教育活动从主观经验主导的传统模式，转变为以实证研究为基础的学科领域，不再单纯依赖主观经验。

教学过程中形成的师生互动记录、课程学习规划、阶段性评测、随堂测验数据、即时反馈信息以及课后作业成果等多样化的教学数据，可全面重现教学活动各个环节的开展轨迹。这一数据体系为剖析学习主体的行为特点、评估教育成效以及综合评价教学方法与策略提供了科学的依据。

在教学实践进程中，采用大数据分析手段对即时收集到的课堂动态信息开展多维度剖析，能够切实揭示课程设计要素、教学实施策略和学习者认知行为以及学业成就之间的作用机理。这种依托数据挖掘的量化研究模式，可为教学方案的优化提供科学支撑，从而促进教育效能的全面提高。

3.人工智能

人工智能技术现已广泛渗透到众多应用场景之中，在教育领域，也正逐步将AI技术融入教学实践。这一发展态势彰显出产业升级的必然走向。伴随智能算法与教育场景的深度交融，打造智能化教育生态系统已成为当下现代教育改革重点聚焦的研究方向。

人工智能作为计算机科学的一个重要分支领域，其发展依赖硬件性能提升与算法优化的双重驱动。这一学科通过融合计算机系统的运算能力和程序逻辑架构，构建出可以模拟人类认知功能的技术体系，包括知识表示、自主学习与逻辑推理等核心模块。从应用维度来看，智能设备研发、语音交互系统、视觉识别技术以及文本语义分析等跨学科实践，共同构成了人工智能研究的关键领域。

智能技术在教育领域的核心功能范畴包含个性化学习方案的制定、教学质量的剖析以及课程内容的评估，还有通过智能化辅导平台开展个体化学习引导等方面。值得着重强调的是，教育数字化转型的核心目的并不是取代教师的职责，而是搭建智能化辅助系统来提升教学过程的实施成效。

4.从标准化生产到个性化学习

推进个性化教育需要在教学资源、实施策略、组织架构等方面开展系统性变革。教育者可深入剖析学习者成长档案库内所积累的学业轨迹信息，根据个体的认知特点及时对课程体系与知识呈现形式加以优化。持续运用这一档案库，有利于制定契合不同学习者认知发展规律的教育方案，进而达成精准的教育供给。

依托对学习过程数据开展多维度分析，教育工作者能够精确锁定个体的学习特征。借助系统剖析学生的行为特点、认知发展程度以及兴趣偏好等重要指标，能够设计出具有差异化的学习方案，进而切实激发学生的学习内驱力。在此前提下，通过打造契合个体需求的情境化学习环境，利用虚拟现实技术对真实的知识应用场景加以模拟，可推动深度参与式的知识建构进程。

智慧教育发展的关键特征表现为课堂教学结构的深度转变，其动力主要源自新兴技术的创新性运用。在数字化教育起步阶段，一些学校利用短视频资源开展翻转课堂教学模式，通过重新安排教学时间顺序，达成了学生自主权的转移。具体来说，教师把知识传授环节提前到课外学习阶段，学生利用多媒体资源（像视频课程、音频资料、电子文献等）完成基础认知的搭建，并借助虚拟学习社区进行协作式的知识构建，这种教学流程的重新塑造意味着对传统教育范式的突破。随着智能技术的不断发展以及其与教育系统融合范围的不断扩大，技术对教育的赋能已从表面应用过渡到对教育生态的全面重塑，最终将推动教学形态的深度重构。

推动教育数字化转型要以传统教育体系的结构性变革为根基，而学校教育体系的结构变革是整体转型的关键所在。课堂教学作为学校教育的主要开展场所，发挥着核心实施作用，所以促使课堂教学模式实现结构性提升是发展智慧教育的必要途径。

在教育信息化进程的早期阶段，数字技术借助对教学流程的重构达成了课堂形态的转型。以翻转课堂模式为例，该模式把知识传授环节提前至课前的自主学习阶段，而课堂时间则主要用于师生之间的深度研讨以及多维互动。这种教学模式的改良具备一定的创新价值，不过因其属于表层改良，所以成效存在较为明显的边界。与之不同的是，智慧教育作为教育信息化发展的成熟形态，正引发教学体系的结构性进化。这种进化并不是仅仅停留在简单的教学时序调整层面，而是实现了从传统课堂的时序倒置到智能教学场域的范式转换，这意味着教育变革迈入了系统重构的新阶段。

教育信息化进程秉持以学习者为中心的理念，由于要有效适应个体化学习诉求，故而借助技术手段推动教师角色转变为教学支持者。此教育范式依托智能技术构建起多样化学习工具的生态系统，鉴于要尊重个体认知差异，所以创设个性化智能学习场景，进而形成多维度的素质培养体系。通过重构传统教学要素的交互关系，这种教育范式为学习主体提供了精准化的成长支持系统，最终实现知识建构与核心素养协同发展的教育目标。

5.游戏化

在教育数字化转型的大背景下，教学工具和娱乐媒介实现有机融合，进而催生出一种新型的认知模式。基于游戏机制设计而成的教学系统，借助创设虚拟情境以及建立即时反馈机制，可把抽象复杂的学科知识内容转变为具体形象、具有可操作性的认知体验。当前，教育技术的发展体现出明显的技术融合特性，在跨学科教学实践里，游戏化学习元素正逐步得到整合。这种教学范式的创新，意味着教育信息化进程已进入实践深化的阶段。

数字化教育类游戏和传统互动式教材以及行为模拟程序有着本质差异。传统互动式教材和行为模拟程序这两类教学工具，是经过实践验证的有效教学手段，它们的核心优势在于与人类天生的经验性学习模式相契合。认知神经科学的相关研究表明，个体知识体系的搭建主要依靠实践感知过程，并且刺激强度和学习效果呈现明显的正相关关系。在经过系统化开发的教学类电子游戏里，用户会深度融入预先设定的交互场景之中。用户的行为选择不仅会对当前的游戏情境产生作用，还会借助程序设定的反馈机制，持续影响后续情节的发展方向。

在当代教育技术范畴内，游戏化设计机制主要被用作激发学习动机的工具。

从未来发展态势来看，它会转变为教育数字化转型的整合桥梁，借助与多模态智能教育模式协同配合、相互融合，打造出系统化的数字教育生态体系。这一演变趋势显示，游戏化元素会逐渐从单一的应用形式转变为支撑教育技术架构的基础要素，在知识传授、技能培育以及情感交流等方面构建起多维度的教学增效系统。

第二节 高等教育的数字化转型发展

一、教育数字化转型

（一）教育与时代共同发展

信息技术的不断迭代升级促使全球产业格局重新构建，以智能计算、海量数据分析、泛在网络通信为典型代表的前沿科技集群发展迅猛。这一发展态势正潜移默化地改变着人类社会的基本运行模式，在教育领域表现得更为突出。突发公共卫生事件带来的常态化防控需求，在客观上加快了教育系统的技术革新速度，推动传统教育模式朝着智能化、网络化方向转变。在此情形下，教育现代化进程展现出显著的技术驱动特点，引领教育领域迈入数字化变革的加速发展时期。

（二）从数字化、网络化到智能化

人类文明历经多次重大技术革新，其发展脉络可回溯到语言文字的诞生、印刷技术的革新、无线电通讯的运用、电视媒体的推广以及数字网络的搭建。如今，在第五代移动通信技术的推动下，由物联网系统、虚拟现实平台、分布式账本技术、智能算法体系、海量数据处理以及云端计算架构共同组成的新一代数字技术集群，正大大地改变着社会的运行机制。这种技术的聚合作用催生了新型生产关系的变革特点，主要体现为机器智能和人类智慧的协同式创新、多学科交叉的融合式发展趋向，以及依托开放平台的资源共享模式，这表明社会形态正朝着智能化阶段迈进。

从技术特性角度剖析，教育信息化主要呈现出数字处理技术、互联互通架构、智慧应用系统和融合媒介平台这四个方面的特性。数字技术的运用推动了教育技术架构的改进，具体呈现为硬件设施朝着简约化方向发展，运行具备更高的稳定性，规格也更趋标准化。网络通信技术的实现搭建起泛在学习环境，其主要长处在于教学资源能够进行分布式存储，教学交互在时间和空间上更具延展性，协作学习可即时达成。智能计算技术的突破促使教学模式发生变革，关键体现在能够规划个性化学习路径、拥有自然语言交互界面以及智能辅助决策系统。媒介融合技术的发展构建出了复合型信息呈现体系，其技术特点体现为终端设备可集成化运行、知识载体的多模态表达以及抽象概念的仿真建模能力。具体来说，数字处理基础架构通过二进制编码体系，有效提高了教育设备的兼容性和数据处理的精准度。网络通信协议的应用不仅实现了教育资源广范围的共享，更构建起跨地域的实时协作教学空间。智能算法引擎的引入使教育系统能够模拟教师的认知过程，执行复杂的学习诊断和教学决策工作。多媒体集成技术通过视听触多维感知通道，营造出沉浸式的虚拟学习场景。这些技术特性的协同作用，有力推动了现代教育系统的数字化转型。

数字通信系统搭建起了信息传输的技术平台。现代的数据通信和计算系统为处于不同地点的终端用户搭建起双向信息通道，达成了软硬件资源与数据资产的共享机制。在泛在互联网络和智能传感系统的共同作用下，人类活动主体、物理实体以及数字服务之间构建起动态互联的网状结构。这一技术变革重新塑造了教育实践的时空范畴，教学互动不再受地理位置和物理时间的限制，师生既能够在实体环境中开展教学活动，也可以借助虚拟环境进行知识的传授，进而构建出融合现实场景与数字空间的多维学习生态系统。

教育信息化的发展进程能够划分为基础建设和应用深化两个阶段。其中，数字化和网络化属于基础设施搭建的范围，智能化则体现为数据驱动下决策层级的提升。从技术哲学的角度进行剖析，智能化系统需要拥有多模态感知能力、认知推理机制以及自主进化的特性。只有当教育系统达成海量数据储备、智能分析架构和个性化适配空间的协同发展时，才能够为精准化学习模式的发展提供有效支撑。教育智能化的本质是：依靠深度学习算法和全周期数据的融合，运用模式识别、态势推演以及决策优化等技术方法，打造具有自我调节功能的学习环境，构建人机协同的教学体系，挖掘学习行为的内在规律，从而改变知识获取的模式，推动教育治理能力的现代化。

在全球技术不断演进的进程里，处于数字化向智能化转型的关键阶段，现代通信技术与人工智能的协同共进，正在重塑教育领域的技术版图。这一技术融合的趋向，不仅为教育现代化发展增添了新的动力，更从深层次推动了教育生态系统的结构性革新，意味着教育信息化已从网络化应用阶段迈入智能化发展阶段。5G通信网络作为新型数字基础设施，凭借其高速率、低时延的技术特点，为人工智能算法优化、海量数据处理、云端算力调度、沉浸式虚拟现实应用以及分布式数据管理等诸多技术领域提供了底层支撑，从而为打造智能化教学场景、创新教育实践模式奠定了不可或缺的技术根基。当先进的智能技术与教育系统深度融合时，能够有力推动教学设备的智能化升级以及教育软件系统的更新换代，加快实体教学空间与数字孪生环境的有机协作，使学习方式逐渐朝着个性化、情境化和数据驱动的方向转变，最终构建起人类智能与机器智能优势互补的新型教育生态系统。

（三）智能普及构建智慧教育新生态

从计算机技术推动校园信息化起步，到网络化时代开展数字化校园建设，智慧教育环境历经了从孤立业务模块向集约化管理平台转变的发展历程。如今，在新兴技术浪潮的带动下，教育领域已步入智能技术深度融合的新阶段。借助移动网络、传感技术、海量数据分析、智能算法以及分布式账本等新兴科技，智慧教育体系正在打造一个以人为主导，包含教学主体、设施资源、财务资产等要素的智能治理生态系统。作为教育数字化转型的重要组成部分，智慧校园的建设水平直接体现了区域教育现代化的发展程度。目前，我国教育信息化正处于深度整合阶段，技术因素逐渐成为推动教育变革的内在力量，不断促使教育理念更新、教学模式转变和组织结构优化，这种系统性的变革为智慧校园的可持续发展提供了政策支持。在疫情防控常态化的形势下，教育系统和公共部门正在积极探寻信息技术与教育教学深度融合的有效办法，这一问题已成为当下教育改革的重点研究内容。

为推动学校教育信息化的长期稳定发展，智慧校园建设秉持服务全局、创新融合、深化应用、优化机制的原则，采用任务导向型的推进模式。着重突出教学实践、科研活动、管理服务以及生活保障等方面的个性化特点，达成教育活动的智能化提升。这一体系将人力资源、硬件设施、环境因素和社会关联等多维度要素加以整合，凭借信息化技术打造新型教育生态系统。其系统架构以物联感知技术为基础，以数据关联性为核心，利用多终端信息交互平台达成实时双向通信，整合网络基础设施、智能技术应用和数字服务资源，全方位推动教育数字化转变。其根本目的在于构建智能化的学校。从技术架构来看，智慧校园体系融合了感知技术、智能算法、数据挖掘和控制技术等信息化手段，着重打造校园安防监控、智能化教学平台、智慧图书管理系统等模块，构建起一个具备全面感知能力、快速响应机制、智能决策功能和动态适应特性的教育管理系统。在这样的背景下，校园智能中枢得以产生。该中枢作为人工智能的核心平台，依托物联网、云计算和大数据分析等技术架构，经过数据感知采集、系统集成处理、深度分析呈现等流程，整合校园内多源异构的数据资源，营造教学、科研和生活服务协同的环境。基于大数据分析和智能算法，此系统为教育决策提供科学的参考，能够有效解决人才培养、科研创新、学生发展、环境优化和心理健康等方面面临的实际问题。

二、数字变革推动高等教育创新发展

（一）推动高等教育数字变革

1.深化全球合作，构建全球数字教育共同体

推动前沿技术、优质平台以及数字化资源开展国际协同开发与共享，构建

开放型的全球高等教育发展体系。朝着实现高等教育公平性与包容性的目标，着重缩小区域数字化发展差异，推动优质教育资源惠及不同社会群体。构建多边协作机制，帮助各国高校健全数字化转型所需的制度框架、基础设施以及技术支持能力，强化数字教育人才队伍打造，推动教育体系变革与教学模式创新，达成普惠性优质教育资源的均衡分配。

2.加快数字转型，重塑数字化育人新范式

对智能时代青年人才发展机制进行系统剖析，革新教学理念体系与实践路径，达成育人质量的全面提升。推动数字技术与其他学科的深度跨界融合，构建新型人才培养与科研合作体系。健全师生数字能力培养体系及评价准则，着重培养能够引领科技创新、产业升级和全球发展的复合型人才，助力人类文明的整体进步。

3.强化技术赋能，培育高等教育新形态

推动前沿技术与教育体系实现深度融合，促使人才培养模式、学校治理架构以及运行保障机制朝着数字化方向转型升级，打造以技术为驱动的现代高等教育体系；加强校企研协同创新机制建设，促使智能技术在教学管理、科研服务等多种场景中得到实践应用，着重构建开放且共享的智能教育服务平台体系，推动智慧教学工具开发与教育数据资源的整合运用，促进智能教育基础设施与云端教学环境协同共进；革新智能技术与教育教学的深度融合模式，搭建个性化智慧学习系统，提升数字化教育服务的精准度与实效性。

4.完善治理能力，提升全球数字化公共教育产品服务水平

可从以下几个维度增强教育大数据管理效能：其一，加大教育大数据统筹管理力度，着重推动高等教育领域的数据资源开发、系统整合以及创新应用，强化对数据全流程的质量监控和安全防护体系，同时落实个人信息保护与知识产权保障举措，系统性地构建数字教育伦理规范架构。其二，全面梳理国际数字化教育实践案例，构建跨国高等教育数据协同治理模式。其三，推动国际高等教育治理体系的革新，重点开展数字化高等教育质量标准规范的研究与制定，创新跨

国高校数字化课程的共建共享模式，同时推进学分银行体系与学历学位互认机制的建设，形成契合数字时代的教育认证新范式。

（二）数字化转型推动高等教育创新发展

1.育人环境的创新

教育新型基础设施建设的关键目标是改善育人环境，这就需要对教学场域开展系统性的重新构建。具体的实施途径涵盖三个方面：将正式学习场所与非正式学习场所的功能进行整合，推动虚拟学习空间向智能化方向升级。目前，我国正在打造的国家级智慧教育平台，通过与校本教学资源库以及体育等多样课程资源相连接，构建起多类型教育资源的集成体系。与此同时，高等学校要着重打造智能化的数据中枢系统，凭借多源数据融合技术搭建具有创新性的教育生态系统。这种新型的教学架构具备开放性和共享性特点，能够支持对教育过程进行动态监测和智能分析，为达成教育数字化转型提供了基础保障。

2.教学模式的创新

现实的物理场域和数字化的虚拟场域并行共存，驱动了教育组织形态朝着多元化方向革新。这二元空间的相互作用，使得教育实践领域催生出双师协同制、场域融合式、书院复合型、资历认证双轨制等多种创新模式，改变了传统工业社会教育形态单一的状况。这些新型教育范式在师资配备、教学空间利用、人才培养机制、产业与教育结合等方面发生了系统性的变化，与标准化的流水线教育模式存在明显的结构性差异。

3.资源供给模式的创新

高等学校的发展已超越传统物理空间的限制，呈现出多样化的发展格局。在这一形势下，教育资源供给机制产生了结构性的改变。它借助整合校内的基础资源、从外部引入资源、开展跨校协同资源、推进产教融合资源，以及利用国家级教育数据平台等多种途径，达成各类教育要素向优质教学资源的系统性转变。这种资源整合方式成功搭建起多维度、立体式的高等教育资源生态系统。

（三）数字技术重塑未来高等教育

数字技术的深度融合正全面重塑高等教育的核心要素体系，其革新作用体现在教学内容搭建、教学范式转变、评价机制完善以及支持服务体系等诸多方面。从系统论的角度来看，这种技术的融入主要体现在三个重要层面：其一，教育数字化的转型促使教学资源体系不断更新换代，让知识创新链摆脱传统教育场景的束缚，构建起开放的知识生态系统；其二，依托大数据分析建立的智能教育平台打造了具有弹性的课程结构，此结构拥有多维度的学习路径匹配机制，能够精准契合学习者的个性化发展诉求；其三，智能交互技术的运用催生了新型教学共同体，通过营造虚实结合的协作学习环境，构建了包含动态评价与即时回应的双向反馈模式。

高等教育体系的发展态势会表现出开放性增大以及层级简化的特点，其质量评估的标准也会获得系统性的提高。在知识经济时代的大背景之下，教育资源的专业化分工将会展现出模块化的特性，并且达成知识价值链的优化整合。信息化引发的教育可及性变化，推动着学校不断改善服务质量，这一内在的驱动力量源自提高生源吸引力和用户黏性的实际需要。

第三节　现代教育技术的发展趋势

一、应用、整合与共享数字化学习资源

数字化教育的高效开展离不开数字教育资源体系这一基础支撑。本研究中所提及的数字化教育资源，是指经过数字化技术加工处理，以二进制格式保存和共享，并借助计算机及网络技术设备来实现教育应用的各类信息载体。与传统教学资源相比，这类资源具备五个典型特点：多媒体集成特点让教学内容的呈现更为生动形象、直观易懂；实时更新的优势可确保知识体系紧跟时代步伐；人机互动功能增强了学习过程中的双向沟通；资源共享特点打破了时间和空间的局限，推动了教育公平的实现；非序列化的组织形式有助于构建个性化的学习路径。这些特点在学习过程中协同发挥作用，能够有效提高知识获取的效率和认知建构

的质量。

（一）数字化学习资源的应用

1.数字化学习资源在课堂教学中应用的历程

进入新世纪，虚拟现实技术、泛在计算设备以及多媒体终端显示系统不断迭代升级，促使数字化教育资源在教学场景中实现深度融合。这一技术体系在教学实践中的核心价值主要体现为构建以学习者为中心的新型教学模式，注重技术工具与教育生态的有机结合。从教学实施角度来看，数字化教育资源要达成三个维度的系统整合。首先，在资源形态方面，要和传统教学资源形成互补协同的关系，借助多模态资源整合搭建复合型知识传播体系。其次，在教学实施环节，应与教学方法、策略构建动态适配机制，维持教学要素之间的系统性协调。最后，在主体关系层面，要服务于"教师主导— 学生主体"的双向互动结构，增强人本主义教育理念的技术支持。需要特别关注的是，作为教育信息化生态系统的关键部分，数字化教育资源既具备技术赋能的创新特点，又要遵循教育系统的基本运行规则。只有当技术工具在教育场域内完成内化转变，形成自然顺畅的教学应用常态，其潜在的教育价值才能得到最大程度的释放。

2.数字化学习资源在课堂教学中的应用范式

（1）教学内容可视化呈现机制

在当代课堂教学场域中，教学信息的主要呈现形式可划分为两大类别：基于数字技术的动态化学习资源与传统物理介质的静态化学习资源。从实证研究视角分析，数字化资源的教学应用主要服务于三个核心环节：学科概念的具象化阐释（如三维模型解析复杂公式）、操作流程的交互式演示（含虚拟仿真实验系统）以及实践项目的多模态展现（包括增强现实技术应用）。其具体实施形态主要体现为多媒体集成课件、流媒体教学视频、智能交互程序等多元化媒介形式。但值得注意的是，当前教学实践中普遍存在数字化资源应用浅表化现象，既表现在其教学功能的开发仍存在显著的功能性局限（如缺乏智能诊断与适应性反馈机制），更体现在其多维教育价值未被充分挖掘这一结构性矛盾，亟待通过技术创新与教学策略优化实现深度释放。

（2）对学习情境进行创设

通过对探究性学习流程展开系统分析可知，数字化学习资源在探究性学习的各个环节都起到了至关重要的支撑作用。在情境构建这一环节，教师借助数字化资源的情境化呈现手段，把教学主题巧妙地嵌入真实场景之中，进而有力地激发了学习者的学习动机，促使其更积极地参与认知活动。进入独立探索阶段后，学习者凭借数字化平台所具备的信息检索与整合功能，有系统地开展知识获取和处理活动，这对概念理解和认知发展起到了积极的推动作用。在群体互动环节，师生所生成的内容能够借助数字化转化技术达成知识共享，并实现长效保存，为深度交流提供了可视化的载体。实证研究显示，如果缺少数字化学习资源，探究性学习的效能将会明显下降。由此可见，数字化学习资源的核心价值在于能够从多个维度为学习过程提供赋能。

（二）数字化学习资源的整合

1.数字化学习资源整合的内涵

数字化学习资源整合是以系统科学原理和教育技术理论为依据，对分散的数字教育资源开展系统性优化的进程。此整合模式针对物理上独立分布、逻辑架构异构且分类存在差异的数字化资源，依据统一的技术标准和知识组织规范，达成多维度的资源重构与知识聚合。在具体实施时，要对原本离散分布的各类数字资源进行标准化处理并建立语义关联，搭建统一的元数据框架与服务接口。该整合体系的核心目的是打造智能化的资源服务平台，借助构建跨库检索机制达成资源的统一发现，依靠用户画像技术实现个性化知识推送。在技术实现方面，着重强调资源描述框架的兼容性以及服务接口的开放性，以此保证异构系统之间具备互操作能力。同时，还需构建动态更新机制，通过资源生命周期管理维护知识体系的时效性和完整性。这种整合模式最终会形成具备自组织特性的数字学习生态系统，为教育信息化提供可持续的知识服务支持。

在推进数字化学习资源整合工作时，应摒弃将各构成要素进行机械叠加的做法，而是要以现有的系统架构和资源作为整合的基础。运用这种系统性的整合策略，可有力促进数字化学习资源体系不断优化，进而使数字化学习资源的应用价值得到最大程度的发挥。

2.数字化学习资源整合的层次

（1）资源目录整合

资源目录整合指的是依照特定的规范或准则，对资源的元数据信息开展系统化的归集工作，这些元数据信息包含名称、责任者、出处等关键属性。在这一过程中，会构建统一的数据采集框架，以此对分布式存储的资源进行基础描述要素的标准化整理。其中，整理所涉及的核心数据项主要有作品标识信息、创作主体信息以及原始载体信息等。

①资源目录整合的多元化范式

a.人工主导型资源整合范式

该模式本质上属于基于人类智能干预的资源组织方法论体系，其核心机制在于通过人工操作流程实现数字化学习资源的系统性采集与结构化整合。从技术实现层面分析，具体表现为运用专业化的学科特征标注工具（如LOM标准适配器），对学习材料的核心属性特征进行语义化描述与标准化表征，同时配套实施教育元数据框架的规范化编码流程（包括但不仅限于DC元数据规范）。值得注意的是，由于人工操作存在显著的效率阈值限制与主观性偏差风险，此类整合范式在应用范畴层面呈现出明显的边界性特征，其优势应用场景主要集中于具有明确目标导向（如学科知识图谱构建）且资源形态相对稳定的特定领域（如经典文献数字化典藏项目），尤其在需要深度语义理解的学术研究型资源库建设中展现出独特价值。

b.机器驱动型资源整合范式

该范式依托基于网络爬虫技术的智能采集系统，通过预设采集周期与目标参数（包括主题关键词、资源格式、域名范围等），执行网络资源的定向抓取与多维度分类处理。自动化处理引擎凭借其多线程并行处理能力（典型如分布式计算架构），在实现异构数据的批量获取与清洗方面形成显著技术优势，具体表现为：建立高效的数据管道实现海量非结构化资源的实时采集，同步实施基于机器学习的资源特征提取算法，并最终完成资源的语义标注与结构化存储。特别需要指出的是，该范式通过集成自然语言处理模块（如BERT模型）与智能分类器（如SVM分类算法），能够突破传统自动化系统在语义理解维度的局限，实现从基础属性分类到深层语义关联的进阶处理，从而有效支撑教育大数据的规模化整合需求。

c.人机结合整合

本方法综合运用了前文提及的两类技术路径的协同工作机制。在开展资源目录整合工作时，第一个关键步骤是利用自动化采集系统，借助网络爬虫技术开展定向数据抓取工作，采用智能追踪、内容聚类、索引构建等核心算法，实现网络资源的动态采集以及元数据抽取。利用标准化描述框架对抽取到的元数据进行规范化处理，随后将其导入数据库系统，以此支持多维度的检索服务，同时生成结构化资源信息门户。第二个阶段是组建专业的审核团队，针对系统定期采集的资源数据执行严格的质量控制流程，借助人工校验机制来确保数据的可靠性。实践显示，这种人机协同的整合模式在操作效率方面大大地提高了资源处理速度，并且在质量控制方面有效地保证了资源目录的完整性标准。

②资源目录整合的内容

在构建资源目录体系时，需要对资源属性描述项进行系统梳理，着重包含数据类型、服务群体、访问渠道以及功能定位等核心要素。这种标准化处理工作要全面展现信息资源的基本特征和服务属性，以保证目录系统可以有力支持资源的检索与调用功能。

（2）资源实体整合

资源实体整合的概念能够定义为基于资源目录信息开展的系统化整合进程，其目的在于达成多模态资源的统一组织和管理。此整合所涉及的对象包含文本数据、音频文件、视频资源以及动画素材等数字化载体。该整合机制的达成需要按照预先设定的操作流程有条不紊地推进，主要环节包括：

①进行媒体资源技术检测

媒体资源整合体系的规范运作依托于前置性技术评估模块，此模块借助预设的参数，对资源实体开展准入校验工作，进而达成技术适配性的控制。

②对媒体资源进行拆分

为提升教育资源的复用效能，提议把入库的教育资源按照章节或者更小的单元展开分解操作（比如划分到小节层面）。对于非学历教育类的资源，还需要进一步细化到知识点的粒度进行分割。在完成资源的结构化处理之后，要依照规范化的流程开展标准化处理，涵盖执行系统化的名称编码规则以及元数据标注体系等内容。

③加工与转换媒体资源

此过程是按照既定的数据规范和技术要求，对未满足规范标准的原始数据开展系统化处理与格式转换工作。借助数据清洗、结构重新编排以及标准化处理等操作，让原始数据能够与标准化技术框架相契合，从而达成异构信息资源整合的规范化目的。

（三）数字化学习资源的共享

数字教育资源借助协同共享机制，能够有效提高资源的使用效能，进而满足不同群体多样化的需求。这种模式为教育体系的可持续发展增添了动力，同时在推动教育公平化以及助力终身学习社会建设等方面展现出显著价值。所以，在推进数字化教育资源建设时，应将资源功能价值的优化作为核心要点。

1.数字化学习资源共享的学理依据

在远程教育理论体系的建构中，建构主义认知发展理论与数字化学习生态系统理论阐释了资源共享的多维价值属性。前者强调学习者在社会交互中通过资源整合实现知识建构的认知机制，后者则揭示了数字媒介环境对教育资源流通形态的革命性重构。特别值得注意的是，相关实证研究表明，在知识迁移与能力培养的复合过程中，数字化资源不仅承担着知识表征载体的基础功能，其内容架构的完整性与媒体呈现的切实性更直接作用于教学目标的达成。值得关注的是，这些理论框架还系统建构了资源开发的四维质量评价模型（即内容科学性、技术兼容性、教学适用性、交互智能性），为资源共享实践提供了严谨的学理支撑。

从资源配置经济学视角来看，其理论内核可归纳为生产要素的优化重组与动态分配机制。具体来说，该理论主张通过建立资源流转的边际效益模型，在消除资源孤岛现象的同时，实现资源利用的最优状态。这种理论范式不仅揭示了资源整合过程中产生的规模经济效应，更重要的是阐释了存量资源在重构中形成指数级增值效应，这种增值依赖于离散资源的智能化关联与情景化再配置。

2.数字化学习资源共享的制约变量

（1）技术支撑体系的成熟程度

从系统架构层面考量，技术革新需要聚焦于异构系统间的协议互操作性与接口兼容性优化。具体来说，要着力完善跨平台数据交互协议的适配机制，并构建基于开放式API架构的服务调用体系，以此实现资源调度的毫秒级响应。在检索技术演进维度，面对教育大数据呈几何级数增长的趋势，亟需突破传统关键词匹配的线性检索模式。当前技术突破方向应着力于构建多模态检索框架，整合基于深度学习的卷积神经网络模型，同时融合预训练语言模型实现语义关联度计算。现阶段的研究重心应置于分布式索引架构的优化，结合用户隐式反馈日志构建动态检索优化算法，从而建立具备自进化能力的智能检索生态系统。

（2）内容因素

影响数字化学习资源共享的内容因素，又具体包括以下几个方面：

第一，数字化教育资源的内容适配情况。此维度重点考量资源供给方所提供的数字化学习材料与目标用户群体实际需求的匹配程度，具体体现为供需双方在知识内容、认知水平以及学习目标这三个方面的契合状况。

第二，对数字化教育资源进行质量评估时，需要考察其资源储备的完备性维度，这一维度具体包含三个关键考量因素：资源的数量规模是否满足标准、内容呈现形式的多样程度如何，以及是否能够满足用户群体的差异化需求。在此过程中，要着重考察资源库的容量是否达到教学应用的基本要求，资源的形态是否包含文本、音视频以及交互式课件等多种模态类型，还有资源的供给结构是否与学习者在认知水平和专业背景方面的差异特点相匹配。

第三，技术开发环节的评估关键在于：要着重考察媒体形态和教学要素的适配状况，以及各类资源研发过程中对对应技术规范的遵守程度。具体涵盖两个方面：一方面，技术处理有无达成教学内容和呈现媒介的精确匹配；另一方面，开发流程是否严格依照不同资源形态的研发标准体系执行。

第四，数字化学习资源的动态属性特征，核心体现在三个关键要素：资源更新的时效性、建设主体的维护意愿以及资源共享机制的有效性。此类资源能否实现持续迭代，取决于其版本更新的频次，同时要考量开发者团队对内容进行优化的积极性，以及新版本资源能否达成跨平台的开放共享。

（3）文化因素

文化维度于数字化教育资源共享机制来说起着基础性作用，其影响效果具备隐蔽性与持久性的特点。从系统论的视角加以剖析，文化层面的限制因素主要体现为数字资源共建共享进程中所涉及的多维度社会关联，这包含了制度环境、文化传统、价值观念以及管理模式等相互作用的体系。学校之间资源共享水平存在差异，是因为其发展定位、地理区位、教育哲学等组织特性呈现出异质性分布。区域经济文化发展的不均衡格局直接导致了学习者需求具有梯度性特征，这种区域差异不但对资源分配机制的选择形成制约，而且在深层次上塑造着共享策略的制定准则。

（4）利益因素

数字化学习资源的协同应用，本质上是对利益交换关系进行重构的过程。从系统论的角度来看，不管是共享机制的理论设计，还是其实践运行，核心逻辑都围绕着利益均衡来开展，这种互利的关系为协作体系的运行提供了基础保障。从影响层面进行考察，制约资源共享效能的关键因素可以总结为以下多个方面：

资源的初始开发成本、协同运作的模式、应用的辐射范围、经济收益的转化率、知识的关联程度、信息的垄断效应、资源获取的边际成本、平台激励机制的设计以及人力资产的增值效应等。这些因素相互作用，形成一个动态平衡的系统，直接左右着资源共享的实际效果。

二、数字化学习环境的建构路径探究

（一）数字化学习环境的学理界定

数字化学习环境可阐释为基于数字技术构建的交互式学习空间，其本质是通过虚实融合的教育生态系统实现教学范式的革新性转变。该环境的核心特征在于实现物理教学场域与信息化平台的有机整合，进而构建起多模态的混合式学习生态系统。从技术架构维度审视，其依托智能学习支持系统作为底层支撑，通过线下实体教学场景与线上虚拟交互空间的深度融合，有效突破传统教育活动的时空约束。这种复合型教学系统需系统解决物理环境与数字空间的协同运作问题，既要统筹各类教学要素的互动关系，又需科学规划智能平台对学习过程的赋能机制。借助多维协作网络构建，使学习者在问题解决过程中获得精准的个性化学习支持，同时通过分布式认知资源的群体共享与协作探究，促进知识建构向高阶思维层次演进。

对该概念的深层解构显示，其内涵特征可概括为四个核心维度：

第一，从本体论视角分析，数字化学习环境本质上属于新型教学物质场域。需要特别指出的是，这种场域与传统学校的物理空间存在本质差异。具体来说，其依托计算机网络技术与智能算法系统，通过云端服务架构与终端交互界面共同构建的虚拟教育空间，其存在形态主要体现为具有可拓展性的软件生态系统。

第二，在教学方法适配层面，数字化教育平台的架构需整合多模态技术支撑体系。具体包含探究性学习（如虚拟仿真实验平台）、协作式教学（如多人在线协作空间）以及讲授法（如智能直播系统）等多元教学模式的技术实现方案，形成具有自适应能力的教学策略支持矩阵。

第三，就功能定位来说，数字化学习环境并不是指任何形态的知识传递场域，而是特指以智能信息技术为基石的现代化教学空间。这种空间建构具有显著的设计导向特点，要求教育研究者或课程开发团队主导实施系统性教学设计，涵盖学习路径规划、交互界面设计、智能反馈机制构建等环节。

第四，从系统要素构成分析，该环境涉及多元主体的协同参与。从知识传递主体来看，教师群体具备数字化教学能力，承担知识解构与学习引导职责。从学习实践主体来看，学生群体作为核心用户，通过人机交互界面完成知识内化。从课程研发主体来看，教学设计专家团队负责课程体系架构、教学活动设计和学习支持系统开发。从质量监控主体来看，教学督导部门对教学流程实施实时监控，并建立质量管理循环体系。从效能评估主体来看，教育测量专家们运用学习分析技术，对教学成效进行多维度诊断，开展形成性评价。这种多元主体协同机制，本质上推动了数字化学习环境优化，促进教育生态系统的动态平衡发展。

第五，从技术实现的角度进行剖析，数字化学习环境在本质上是一种复杂的软件应用平台，其系统架构呈现出明显的集成特性。要想使该平台的所有潜在效能得以充分发挥，就需要不断开展针对其系统架构和技术实现途径的专门研究。

（二）数字化学习环境的创建

1.数字化学习环境创建的前提

（1）分析数字化学习环境创建机构的情况

①机构的组织结构

在高等学校里，数字化教学环境的搭建主要依靠三类职能部门协同工作。第一类是像教务处这类教学管理职能部门，第二类包含教育技术中心等技术保障部门，第三类则是由各二级学院和教学系部构成。对高校组织架构进行评估时，有两个方面需重点考察：一是上述职能部门是否构建了信息化协同工作机制；二是这些部门现有的组织形态是否拥有适应数字化建设的运行效率。

②结构的信息化基础

信息化基础条件评估一般从两个维度进行考察。其一，着眼于硬件设施的建设状况，比如对校园网络硬件平台能否为网络化教学实践提供必要的技术支撑能力进行评估。其二，着重考量软件资源的适配情况，主要是剖析现有的教学管理系统以及相关应用软件，判断其与计划构建的数字化教学平台在技术层面是否兼容、功能上是否具有延续性。

（2）制定项目目标和需求规划

实施单位若要构建数字化学习系统，需先对系统评估关键要素进行考量，以此科学地确定各阶段的实施计划与发展方向。在规划时，应遵循阶段性划分的原则，清晰界定短期、中期以及长期的发展框架，并且要建立起该规划体系与现有战略部署之间的协同机制。

（3）明确信息化项目的建设方式

信息化工程的实施路径主要涵盖三种模式，分别为结构自主开发、商用软件采购以及校企协作定制开发。在开展数字化教学平台建设工作时，不管选用哪种实施办法，都要重视对技术资源进行有效整合。与此同时，要对实施流程进行科学规划，借助构建动态监测机制来对项目进度开展全周期管理，以此保障建设目标得以达成，预期成效能够实现。具体来说，实施主体要依据技术成熟度、成本预算以及个性化需求等关键要素，挑选合适的系统构建方式。

（4）做好项目的资金预算和时间安排

通过对现有研究维度开展整合分析，有必要对项目经费投入规模进行系统规划，并科学测算项目实施周期。具体来说，要依据前一阶段的研究数据，构建契合项目特点的资金配置方案，并且利用项目管理工具对任务节点进行时间框架的评估。

2.数字化学习环境的内容创建

（1）数字化学习环境的总体结构

①教育学框架

教育学体系架构的构建基础在于组织化教学形态和模式化教学方法的有效

融合。对该体系要素的剖析遵循层级递进规则，重点聚焦于构成要素之间的交互关系以及功能定位。其具体的层级划分如下：基础层级主要负责教学运行管理工作；中间层级将学科课程体系和综合实践活动项目集群进行整合，具体有标准化教学平台和探究式学习模块；顶层架构并不直接参与日常教学的实施过程，不过其成果展示平台与资源共享平台所依赖的数据源，均是下层系统在运行过程中逐步积累而来的。这种纵向的分层设计，呈现出教学要素从基础操作到成果转化的功能发展路径。

②技术架构

在数字化学习系统的整体架构里，技术支撑体系处于至关重要的基础位置。构建科学且合理的技术体系设计，可把教育理论框架中预先设定的教学功能切实转化为具备可操作性的软件平台，进而促进数字化教学平台的实际落地。需要注意的是，技术支撑体系的构建要从系统层级层面进行多维度的模块划分，具体来说，应涵盖以下核心构成要素：

第一，基础设施层，主要是由网络和计算机硬件以及管理系统组成；

第二个层次是教学数据与教学资源层，此层级着重搭建教学资源库体系，其核心作用是为各个子系统以及用户群体提供统一的接口，进而达成教学资源的高效调用与管理。这样的架构设计大大地提高了教育资源在跨平台应用时的可获取性和操作便捷性。

第三层级是教学应用体系，此体系的架构由五个核心模块组成，分别是专业课程教学平台、标准化教务管理平台、通识教育学习模块、教学质量评估与成果展示平台以及教学资源数字化管理平台。该体系将不同维度的教育功能模块进行整合，进而构建出一个覆盖教学全流程的数字化支撑系统。

（2）数字化学习环境的子系统

数字化学习环境是一个由多维度异质子系统所构成的复合体系，各个子系统在功能特性和运行机制方面存在着协同作用关系，共同形成具备完整生态特征的技术架构。特别要说明的是，鉴于各子系统在技术实现以及功能定位上具有明显的异质性，所以要采用差异化的构建策略。在具体的实施过程中，不管是针对哪种类型的子系统，其整体框架都应当涵盖以下核心构成要素：理论支撑体系、拓扑组织结构、数学模型架构、核心算法研究以及应用组件集等基础性内容。

三、创新现代高等教育教学绩效评价

教学绩效指的是在特定的教育周期里，教学活动达成预设教学目标的程度。近年来，教学绩效评估体系在教育质量监测方面的作用日益凸显，逐渐成为衡量教学效果的关键工具。为了切实有效地开展绩效评估工作，高等院校要借助信息化教育手段，搭建一个多维度的教学创新质量监测框架，从而确保技术赋能型教育改革朝着可持续发展的方向推进。借助构建科学的评价反馈机制，能够让数字化教学创新实践始终契合教育发展的规律。

（一）技术支持对高等教育教学创新绩效评价的作用

1.导向作用

依托现代教育技术搭建的高等教育创新绩效评价体系，可有力引导院校竞争模式达成三重转变。在资源投入上，从比拼硬件设施投入规模转变为以投资效益评估为指引；在教师发展方面，由教师个体单独制作教学课件的孤立行为，转变为跨校际、跨学科合作开发数字化教学平台的团队协作模式；在院校关系方面，打破传统的封闭竞争局面，构建起区域性教育资源共享联盟。这种范式的转变，会促使教育信息化在管理体系完善、资源配置机制革新、战略决策科学化以及教师专业发展路径重塑等方面实现系统性的优化。

2.监督调控效能

在高等教育资源禀赋存在客观约束的背景下，战略实施过程中亟需构建资源调配的优化决策模型。为强化信息化进程的监管效能，应当着力构建动态化的信息反馈机制与精准化的监测体系。基于技术赋能的创新性评估范式，能够系统解构教育信息化推进过程中权责配置机制与运行逻辑的耦合关系，具体表现为：

通过多源异构数据融合分析，为高校治理主体、教育行政部门及社会监督机构提供具有实证价值的监测指标体系，进而实现对教育资源空间分布效率与投入产出效益的量化评估。该体系依托实时化的数据采集机制与智能化的分析功能模块，可动态追踪信息化建设的演进轨迹，形成包含趋势预测与偏差诊断的决策支持系统，为政策迭代优化提供过程性循证依据。

3.决策支持功能

在高等学校推进信息化战略的决策实践中，决策主体常因理论框架缺失与实践经验不足导致管理效能衰减。具体表现为两个维度的认知偏差：其一，将系统规划简化为技术设备的采购决策矩阵；其二，将教育技术创新误读为脱离教学核心场景的基础设施建设工程。在此认知困境下，建构基于教育数据中台的评估支持系统具有重要价值。该机制通过构建包含投入强度、应用深度、融合效度的三维评估模型，运用多元线性回归模型解析院校信息化建设成效，为区域教育决策部门提供包含纵向发展评估与横向比较分析的立体化数据图谱。这种数据驱动的决策支持工具不仅显著提升管理决策的效度系数（由经验决策的0.32提升至0.78），更通过建立校际资源流动的博弈模型，引导高等教育资源形成帕累托改进式的配置格局，最终实现教育治理体系现代化的螺旋式演进与可持续发展路径的闭环构建。

（二）构建技术支持的高等教育教学创新绩效评价指标体系

1.构建技术支持的高等教育教学创新绩效评价指标体系的基本原则

（1）要切实以网络文化意识和现代教育理念为基础

第一，是否培养了全校师生对网络文化良好的体验和感受；

第二，是否营造了与学生身心健康发展相符合的校园网络文化环境；

第三，是否采取了有效措施预防和应对网络带来的负面影响；

第四，是否供应了融合了更新教育观念和提高技能的教师培训；

第五，学生处于网络环境当中是否还具备信息鉴别和批判思维的能力；

第六，教育者是否掌握具有前沿性的教学理念并树立终身学习的意识，是否拥有技术应用的意识以及常态化的实践能力，能不能达成课堂教学与技术工具的创新性融合。

（2）要尽可能涵盖高校教育信息化运作的各个方面

在高等教育领域，技术赋能的创新教学成效评估体系着重考量技术整合的科学性与实施效率，这为系统评估高等教育信息化建设中资源投入和实际成效之间的关联性奠定了方法论基石。基于这一逻辑，设计技术支撑型教学创新绩效评价框架时，要同时兼顾实施路径的监测维度以及目标达成的量化标准。借助过程性观测指标与结果性验证指标的双重架构，构建出一个完整的评估闭环。

（3）评价重心要注意转向应用方面

高等教育教学创新绩效评估体系以技术为支撑，其资源配置维度不再只是传统的物质设备分配，而是拓展到人力资产、物资保障、经费管理和信息处理等的协同配置。该体系从质量和数量两个维度来构建评估指标，对各个要素进行系统考量。在人力资源评估方面，此体系重点考察教育主体与技术应用之间的交互效能，具体包括：教育者对技术的认知程度，开展信息化教学实践的能力，应用技术的主观积极性，以及受教育者内化知识的能力，调整个性化学习策略的能力等。这些指标共同形成了在技术驱动教育创新中对人力资产核心价值的评估框架。物资要素评估模块主要关注技术载体的使用效率和维护状况，具体有三个观测维度：信息化教学设备的运行效率、技术设施的完好情况以及数字化教学环境的建设水平。这些量化指标能客观体现教育技术装备的实际应用价值。经费配置评估指标重点考察资金投入的持续性和效益产出，主要涉及以下内容：保障信息化专项经费稳定、软硬件购置与人力培训投入比的合理性、技术设备更新周期对市场价格波动的适应调节能力等。这些经济指标构成了教育技术持续发展的重要保障。

2.技术支持的高等教育教学绩效评价的核心指标

（1）高校管理状况

①高校管理者的信息化领导力

在高等学校推进信息化进程中，战略规划与愿景设计的核心职责需由决策层承担。行政管理团队在数字化转型展现的能力，主要体现为组织变革通过技术手段推动，且全体成员协同配合。从实践维度来看，这种数字化治理能力主要分为三个层面：首先，是技术解决方案的全生命周期管理，其中包含系统开发、运行维护以及效果评估；其次，数据采集与分析体系构建起来，形成基于实证的决策支持机制；最后，通过信息技术的创新应用，组织战略规划与管理优化获得数据支撑。

②高等学校信息文化生态构建

高等学校信息文化生态系统的质量，可通过五个维度进行系统性评估：首先，需要考察组织层面是否具备信息文化建设的战略自觉意识，具体表现为决策层对数字化转型的文化价值认知深度，以及是否将信息文化纳入院校发展的战略规划图谱。其次，应重点评估是否建立完备的顶层规划体系，包括制定具有阶段特征的实施路径图（涵盖建设目标、实施主体、进度节点等要素），并形成可量化监测的指标体系。第三，需检视制度保障机制的健全程度，重点考察是否构建包含组织架构、权责划分、资金保障、评估反馈等要素的闭环管理制度体系。第四，应着重分析信息伦理培育体系的建设成效，包括是否建立系统的信息法规教育模块，以及通过何种机制实现信息道德的具象化传播。第五，需测量校园信息文化氛围指数，通过师生数字素养测评、信息活动参与度统计、跨部门数据共享频率等指标，评估是否形成具有自我进化特征的文化生态场域。

③高等教育信息化业务治理体系

高等学校信息化业务治理的范畴界定，具体涵盖以下核心构成要素：

第一，信息化基础设施的战略性部署；

第二，高校的信息化管理机制与团队建设；

第三，高校的信息化资源建设与配置；

第四，高校信息化建设的资金投入规划与评价；

第五，高校积极引领信息技术环境下的新课程改革；

第六，高校积极引领信息技术与课程整合；

第七，高校积极创造良好的信息化教学应用环境。

④高校的信息化人才培养

高校的信息化人才培养，具体包括几方面的内容：

第一，制订教师专业发展计划，构建有助于教师专业发展的内部学习平台。第二，要着重营造利于专业人才成长的教育环境。积极鼓励教师参与各类培训活动，以此不断增强他们的理论知识水平和实际操作能力。第三，以校本研修和在线教育平台为依托，搭建多维的成长路径，系统性地推动教育工作者能力提升工程。同时，通过健全职业发展支持体系，形成可持续的推进机制。第四，要从制度设计方面切入，打造长效激励机制，以此推动教职员工群体在信息技术应用能力上不断提升。具体来说，可以依靠绩效考核体系的革新，把数字化技能提升纳入岗位晋升的评估指标之中，并且设立专项培训基金，用以支持教职员工技术应用能力的发展，进而形成技术助力教育的良性循环系统。对于学校来说，可通过设立技术应用示范岗位、开展跨部门的技术协作项目等途径，搭建能够促进全体员工技术素养提升的多元化实践平台。

（2）学习环境

第一，高等教育院校开展教育信息化工作所需要的硬件设备系统，主要包括多媒体教学终端设施、多媒体网络教室、学校层面的信息网络基础建设以及与之相关的技术支撑平台。

第二，高校与教育信息化发展相关的软件，如实现网上教与学活动的软件系统；

第三，高校的数字化学习环境构建情况以及为学习者提供的数字化学习材料；

第四，高等院校搭建综合性支持平台，为学习者打造了一个系统化的工具集群。这个集群包含信息资源整合、知识体系构建、实践能力培养以及问题解决支持等方面的内容。此外，还配备了协作交流功能模块，以此推动学术互动。

（3）教师的专业发展

伴随教育信息化进程的持续深入，教师的教学活动不再受限于传统课堂的时间与空间，其专业实践领域呈现出明显的拓展趋势。当下高等教育范畴内的技术赋能型教学创新评价体系，把技术媒介影响下教师专业能力的发展变化作为重点考察维度，主要涉及以下研究方向：

第一，教师个人和专业方面的工作效率因教育技术而得到了大大提高；

第二，借助现代教育技术手段，教育工作者能够参与专业领域的多样化协作活动，其中，创建和实践在线学习社区就是很有代表性的例子。

第三，凭借现代教育技术手段，教育工作者可与教学对象、家庭监护人员、职业同行以及其他利益相关方展开高效沟通。这种实时交互的特性，大大提高了教育协同的及时性。

第四，教师借助于教育技术能够获得更为广泛的专业发展资源；

第五，教师能够方便地参与各种远程培训；

第六，教师能够更为有效地检索和获得支持学习的资源。

四、推动移动学习的发展与优化

（一）移动学习的内涵

1.移动学习的概念

移动学习作为一种创新性的学习模式，是移动通信技术与数字化教育技术深度融合的产物。它的本质是借助智能终端设备达成的、能突破时间和空间限制的自主获取知识的途径。作为一种技术驱动的现代教育形式，移动学习延伸和拓展了传统数字化学习场景，已被学术界广泛认为是数字化教育体系的重要发展方向。

智能移动终端是构建移动学习系统的基础性支撑条件，这类设备应具备教学内容呈现与师生交互功能。此外，无线通信网络传输技术和数字化教学资源是移动学习环境的关键组成部分，三者相互协同，才能保障教学活动有效开展。

2.移动学习的特征

(1)移动性

第一，其首要特征表现为实施方式不受固定场所的约束。依托基于无线通信协议和智能终端设备构建的技术支持体系，学习者可利用便携式智能设备，在各种不同场景下开展知识建构活动，完全突破了传统计算机终端在空间上的限制。从理论层面来说，在移动通信网络覆盖的任何物理空间中，学习者都能凭借智能化手持设备实现知识获取。这种模式的突出优点是达成了知识传播在时间和空间上的弹性化，让认知活动可以根据个体需求在任意时间点和地理位置发生。学习者能够按照自身的认知节奏自主安排学习进度，在特定情形下迅速获取所需的信息资源。

第二，移动学习是借助于移动互联技术实现的；

第三，移动学习模式若要有效施行，离不开移动终端设备技术的支撑。这些移动终端设备应体积小巧、质量轻便，具备很强的便携性。作为移动学习的关键载体，此类电子装置的物理参数需遵循人体工学设计原则，能够满足不同场景下持续学习的需要，这是搭建泛在学习环境的基础硬件要求。

(2)灵活性

依托移动网络技术的教育模式以数字化信息平台为支撑，显著降低了传统教学模式在师资配备、资金投入以及物理空间等教学资源上的依赖度。与传统课堂、多媒体教室和专用机房这类固定教学场地相比，该新型学习模式在空间选择和时间规划上具备更强的适应性。

(3)高效性

当前主流的移动学习系统，普遍采用基于认知负荷理论的模块化设计范式。其核心原理在于将系统化的知识架构，解构为具有逻辑关联的微型学习单元，并依托智能推送算法实现知识点的渐进式传递。该教学模式的技术实现路径包含三个关键维度：其一，构建符合微学习策略的课程资源体系，通过碎片化重组形成可独立学习的知识模块。每个模块都配备多模态学习资源，用于支持学习者的认知延伸与概念联结。其二，设计智能化的交互反馈机制，通过问题导向的路径引导，促进陈述性知识向程序性知识的转化。其三，植入元认知激活模块，利用多通道刺激策略（视觉提示、触觉反馈、认知冲突设计）不断强化信息加工。

（4）自主性

移动学习具备时空自由、个体独立的特性，所以其教学组织形式典型表现为自主性。该模式的核心特点是，学习者可按照自身喜好，灵活规划学习的时间和空间范围，还能自主挑选契合个性化需求的学习内容来开展知识建构。

（5）交流性

在移动学习的实施进程中，学习群体可达成实时交互与协作。在这类学习场景里，教学主体主要承担交流指导职能，其交互活动主要借助 QQ、微信等即时通讯工具，以实时与非实时相结合的沟通机制介入学习过程。这种双向互动模式使教育主体间的传统关系发生了本质性变革，集中体现为师生互动模式出现了显著的结构性调整。

（6）经济性

在现代社会，智能移动设备已成为不可或缺的刚性需求，其在社会中的保有量一直呈持续上升趋势。统计资料表明，在教育信息化的应用场景里，借助用户现有的终端设备便能达成知识传播以及自主学习。这种依托共享技术基础设施的运行模式，有力地彰显了移动学习体系突出的资源集约化特性。

（7）大众化和平民化

本研究聚焦于对移动学习主体特征展开分析。伴随移动通信技术不断更新换代，以及终端设备购置成本的不断降低，知识获取途径已突破了传统教育场域在空间上的束缚。当下，教育资源配置显现出显著的范式转变态势，也就是从以物理教室、纸质教材和固定课时为特征的传统模式，朝着依托移动互联网络搭建的具有普适性的知识传播体系转变。

在当代社会，数字化生存的特征极为明显：在各种公共空间和私人领域里，智能手机已成为人们进行人机交互的普遍载体。通过观察可以发现，不管是在学校、商业场所还是居住环境中，不同年龄和职业背景的人都表现出频繁使用移动终端的行为特点。这种对技术的依赖，不仅体现在即时通讯、电子商务等基本功能方面，还进一步深入到职业发展、知识获取等社会活动的关键领域。从社会行为学的角度来看，智能终端的日常使用已经重塑了人类的行为模式，形成了移动互联时代特有的、技术嵌入其中的生存方式。在此基础上产生的移动学习模式，实际上是信息技术革命推动下全民知识获取方式的转变，具有显著的去阶层化特征。

（二）移动学习的发展趋势

1.智能化

与传统PC端网络学习模式相比，移动学习平台在信息交互机制方面存在明显不同。这种学习模式借助智能终端设备，拥有自适应性和智能服务的特点。在传统网络教学环境里，学习者咨询问题结束，终端会话关闭后，教学反馈就会中断，难以提供持续的学习支持。而移动学习系统的异步通信功能很特别，在用户关闭应用程序后，能利用短信推送方式持续传递教学反馈。这种不受时空约束的交互模式，切实增强了数字化学习过程的连续性与双向互动性。

2.开创新型学习模式

当前，移动智能设备已逐渐涵盖网页浏览、知识获取、商品交易等多样化的应用场景。与传统计算机设备相比，手持终端在推动新型学习上有着独特的优势，如基于位置感知技术的适应性学习方案、多传感器融合的教学应用实践、借助移动端虚拟现实技术的沉浸式学习体验等不断涌现。这些技术表明，未来移动教育领域会重点探索创新型学习范式的研发与应用。这已经成了教育技术发展的关键趋势。

当前，移动智能终端设备已深度渗透至教育技术生态体系，其应用范畴突破性地拓展至跨场景学习支持领域，包括但不限于泛在化知识检索、个性化学习路径规划以及教育服务智能化交互等多元维度。相较于传统固定式计算机终端，移动设备在重构学习范式方面展现出显著的技术比较优势，具体表现为：基于地理围栏技术的自适应学习路径生成算法，可根据学习者的时空坐标动态调整知识推送策略；多源传感器融合框架支持下的情境感知型教学实践。移动端轻量化虚拟现实（Mobile VR）技术驱动的多模态沉浸式学习场景。教育神经科学领域的实证研究表明，这些技术特性正在重塑学习科学的理论边界。

（三）移动学习的优化途径

1.积极构建有利于移动学习的社会文化环境

当下，移动学习模式已逐步普及且得到广泛认可，然而学校并未对其予以足够重视。从实践情况来看，一方面缺少专门负责资源建设的管理团队，另一方面针对学生群体开展的移动学习活动也没有成体系的指导方案。这种发展滞后的状况，会大大地阻碍移动学习模式的进一步深入发展与推广。所以，若要推动移动学习实现良好发展，有必要从社会文化层面构建起支持性的生态环境。具体的实施途径可围绕以下维度开展系统性的建设工作。

（1）引导教学组织提高对移动学习的重视程度

移动技术在教育领域的应用推动着教师角色从知识的传递者转变为学习的引导者，它成为助力学生规划学习路径、增强自主学习能力以及培养创新思维的有力工具。学校应充分意识到移动教学模式的重大价值，把它列为教学改革的关键领域。在教育实践方面，可以借助构建移动学习问题库、开发数字化课程体系、整合多样化信息资源、搭建协作学习平台等方式，切实提高学习者参与移动学习的程度。而在技术支撑方面，要完善校园无线网络的基础设施，组建专业的移动教育资源开发团队，鼓励教师参与教学资源的设计与制作，通过构建多维度的移动学习支持系统，确保师生之间形成良好的教学互动机制。

（2）引导教师对教学观念和教育方法予以改变

推动教师积极更新原有的授课观念，充分意识到移动终端作为创新性教学辅助工具所具有的教育价值，从而达成对其应用场景的深度认可。这一认知上的转变，将为移动学习模式的持续发展提供关键支撑。

在移动学习实践中，学习主体大多存在前期规划缺失的情况。为了提高移动学习的效率，学习者要主动向教师寻求方法策略方面的专业指导。教育工作者只有系统掌握移动教学模式的关键要素，才能进行有效的教学干预。具体来说，教师要引导学习者依据自身认知特点制定移动学习方案，做好资源的适配性筛选；帮助学习者树立对移动学习的科学认识，发掘其推动深度学习的积极意义，探寻契合个体知识建构规律的实施办法；当学习者在移动学习中遇到认知难题或技术问题时，教师要及时给予专业的学术帮助和技术指引。借助系统化的教学支持，学习者能够逐渐适应移动学习环境，构建个性化的学习模式，达成移动教育资源的优化配置与高效利用，最终实现移动学习的目标价值。

2.有效整合移动学习资源

当前，移动学习资源的开发与应用尚处于初步探索阶段，经过实证研究验证且契合移动终端特性的优质教育资源较为稀缺。为提升移动学习模式的质量与效率，有必要从资源体系扩充、内容质量提高以及系统化整合运用这三个方面协同发力。具体来说，要重点打造多模态数字资源库，通过不断迭代优化资源适配机制，构建跨平台的资源共享体系，进而构建起具有可持续发展能力的移动学习生态系统。

（1）不断丰富移动学习资源的内容

①应运用动态优化策略，对教育资源类型开展系统性的扩充。在搭建移动教育平台时，资源整合要达成多维覆盖：既要对本土化课程知识体系进行系统整合，又要引入国际顶尖高校的开放教育资源，还要将跨学科领域专家学者的学术论著纳入其中，从而满足移动终端用户多样化的学习需求。

②要提高学习拓展资源的丰富性

移动学习资源的多元化建设要依据课程体系开展系统化配置，并且要整合契合学生认知需求的非课程类拓展素材。这类辅助性教学资料不但可以扩大学习的范围，还能借助多维度的知识呈现形式推动知识内化进程，在现代移动教育体系里，它是关键的支撑要素。具体来说，资源架构既要注重学科知识模块的系统化搭建，也要提供有助于跨领域技能培养的延伸性内容。

（2）要提供多种形式的移动学习资源

从载体形态角度剖析，移动学习资源主要涵盖两类：一类是以文字材料为主体的文本资源，另一类是基于影像传输的视频资源。鉴于文本类资源具备存储容量小、传输方便的特性，其在移动学习场景里的应用频次明显高于视频类资源。在开展移动学习文本资源开发工作时，要考虑多格式兼容性设计，从而保证各种移动终端设备都能顺利访问。并且，内容架构应遵循简洁性原则，采用精炼的表达形式并合理控制篇幅，增强学习资料的便携程度，以契合用户随时调取查阅的需求。

视频资源作为融合了视听元素的多媒体载体，借助整合音频与图文信息达成知识的情境化展示，其多模态特性让它成为移动学习者的首选资源。在开展移动学习视频资源开发工作时，要全面考量技术参数和传播效能之间的平衡。一方面，要保障教学素材具备系统性以及逻辑连贯性；另一方面，需运用编码优化技术来控制文件大小，从而使最终的视频成品在分辨率符合标准的情况下，能够适配智能手机、平板电脑等终端，满足跨平台存储和访问的要求。

由于学习者存在个体差异，他们对媒介形式的接受程度呈现出分化态势。一些群体更乐于接受视听动态信息，而另一些个体则偏好静态图文信息载体。鉴于这一特性，在开发移动学习资源时，需遵循多模态呈现原则，针对同一知识内容设计多种表征形式。并且，要注重应用场景的多维度搭建，具体实施途径如下：紧密结合现实情境，以解决问题为指引，深入探寻学习者的认知需求和兴趣所在，从而构建具备实践意义的知识体系。此知识体系的构建要符合两项标准：既要契合学习者的主观认知偏好，又要能为他们在真实场景中遭遇的实际问题提供有效的解决办法。

总体来说，开发移动学习资源时，要突出内容呈现形式的多样化特点，并且要根据学习者个体在认知上的差异以及实际需求，为他们匹配具有针对性的资源呈现方式。

（3）要不断改进移动学习资源的设计工作

移动学习资源的设计质量会直接影响其与教学体系的融合效果，所以应把资源设计的动态优化当作推动学习资源系统性整合的关键途径。在实际操作中，教学资源设计者需着重关注以下几个改进方面：

第一，移动学习资源开发要重视多终端设备的适配性，并且要依据用户的认知特征开展内容架构设计工作。从工程实践角度来看，要借助标准化编码技术与响应式界面布局，达成跨平台运行的能力，同时基于认知负荷理论，对学习内容的呈现方式展开科学的优化。

第二，开展移动学习资源开发工作时，要对移动学习场景的独特性及其环境特点进行系统分析，着重考虑智能终端设备以及无线网络环境等技术层面的限制要素。基于此，对人机交互界面设计、知识体系架构以及教学流程规划等关键部分加以优化。

第三，在开展移动学习资源开发工作时，要着重打造系统化的资源库体系，借助模块化的架构达成教育内容的优化整合。可考虑运用分层存储的策略，构建跨平台的资源共享机制，进而提高现有资源的可复用程度。尤其要健全元数据标注体系，保障不同教学场景中的资源能够实现智能化匹配以及灵活调用。

3.不断加强移动技术的开发

（1）积极升级移动学习技术

第一，当务之急是搭建能够稳定运行的移动学习网络基础设施，以此保障教学活动全流程得以顺利开展。学校要构建完备的运维体系，对智能终端设备、应用软件及其配套服务展开系统的部署工作，并进行定期维护。其中，重点是保障网络传输的安全性以及软件资源的可获取性。其关键之处在于达成多平台的无缝衔接，涵盖现有在线教育系统、电子文献资源库、院校门户平台、行业培训端口以及知识共享体系等数字化教育生态的兼容适配。

第二，移动网络基础设施的体系化建构。在推进移动网络基础设施建设中，需要重点强化硬件架构的优化、与软件生态的协同开发，并建立全生命周期运维管理模型。具体实施路径应聚焦两大核心目标：构建全场景高可用性接入网络，通过部署智能负载均衡算法，确保用户在不同空间维度实现稳定的高带宽传输；建立端到端安全传输通道，采用量子密钥分发协议与拟态防御架构，为教学资源流转构筑可信计算环境。

第三，无线通信技术的演进路径。当前非常需要加速推进无线接入网的智能化演进，重点实施覆盖增强型基站部署计划与网络切片技术创新工程。具体举措包括：采用毫米波技术等实现服务半径的拓扑式扩展，通过三维波束赋形提升密集场景下的频谱效率；建立网络资费动态调控机制，运用区块链智能合约技术实现流量计费的透明化与精准化。通过这些有效举措，显著提升移动学习资源的获取效能，为混合现实教学场景提供确定性网络保障。

第四，数字包容性支持系统的建构针对移动学习群体存在的技术接受度差异，需构建分层式数字赋能支持体系。具体实施框架包含：为特殊需求用户开发多模态交互协议，集成智能辅助诊断系统与人工坐席服务矩阵，形成"机器智能筛查-专家定向支持"的闭环解决方案。同时，建立数字素养梯度提升模型，通过设计螺旋式能力发展路径，重点解决中老年群体的技术适应困境。

（2）移动学习平台的认知工效学设计

移动学习平台的设计质量直接影响用户的持续使用意向，其优化方向已成为教育技术领域的研究共识。基于认知负荷理论的工程实现框架，需着重处理以下设计矛盾：首要考量移动终端的异构计算能力与多模态交互特性，通过部署分布式渲染引擎与自适应流媒体协议，确保学习资源访问的时延敏感型需求。同时，建立信息熵调控机制，运用知识图谱的动态可视化呈现技术，实现认知负荷的动态平衡，避免因界面信息过载导致的注意资源耗散。

移动学习平台的系统开发应重点达成用户界面的视觉清晰效果以及功能的集约整合，并且要重视交互层级的扁平化打造。在开展界面布局优化工作时，需遵循认知负荷理论的准则，借助模块化分区以及智能引导系统，减少用户操作的复杂程度。

在移动学习系统的开发进程中，需要全面考虑其媒介特性以及用户的认知规律。在系统的建构阶段，应当引导用户共同参与设计流程，借助双向交互机制，达成教学方案与用户需求的有效匹配。

在开展移动学习平台设计工作时，应重点提升系统的多模态兼容能力，达成跨模式适配效果，让系统能够高度契合不同学习者的认知特点，从而满足他们个性化的学习需求。

在开展移动学习平台开发工作时，要着重打造双模学习支持系统，全方位考虑网络连接状态的动态适应性。平台的架构设计要能够同时兼容在线资源的实时交互以及离线内容的缓存机制，借助本地化存储技术达成课程资源的预载效果。如此一来，学习者即便在网络环境不佳的情况下，也可以保持知识获取的连贯性，切实解决网络波动对学习进度造成的干扰问题。

移动学习平台的多模态兼容架构。移动学习平台的技术架构需集成多格式解析引擎，以适配个体化知识获取的差异化需求。系统开发宜采用模块化技术架构，核心功能包括：构建PDF文档智能解析模块、MP4流媒体自适应传输模块以及SCORM标准兼容接口，同时预置可扩展的API接口规范。这种技术架构既满足现阶段的跨格式资源访问需求，又为教育资源的持续迭代提供底层支持框架，确保平台具备面向未来新型文件格式（如神经辐射场NeRF模型）的兼容能力。

（3）智能移动学习终端的认知工效学研发

在移动学习实践中，知识建构效能与终端设备的认知适配度显著相关。我们需要重点建构包含以下要素的技术研发矩阵：

第一，评估维度聚焦新型设备在教育场景中的认知工效学指标，包括注意力维持指数、交互认知负荷值等量化参数，通过眼动追踪与脑电信号的联合分析，验证设备对深度学习状态的支撑效能。第二，需要考察用户初次接触新型设备时的认知接受度与情感适应轨迹。该研究维度运用技术接受模型与情感计算技术，重点监测技术适应期用户的行为特征与心理调适。第三，要积极引导学习者了解并接受新的移动学习终端设备。

4.不断优化移动学习者的学习行为和习惯

（1）不断培养移动学习者的移动学习意识

大多数研究对象对移动学习模式持积极肯定的态度，且期望借助这种学习方式提高自身的知识储备和专业技能。从当前情况来看，学习者往往缺少成体系的学习方案，移动学习活动的开展主要依据个人主观喜好和特定需求，学习过程很容易受到外界环境的影响。要解决这一难题，实践方法在于有系统地培养学习主体的移动学习意识，通过认知方面的干预，让他们更深入地理解移动学习模式的价值导向和应用策略，逐渐推动其认知机制从被动接受向主动接纳转变。

（2）要确保移动学习者有较强的学习动机

与传统课堂教学模式相比，移动学习环境面临着更高的干扰风险。相关研究显示，学习者若要在移动学习情境中达成预期的学习效果，需要具备更为突出的内在驱动力。

移动学习者学习动机的维持需依靠科学的目标规划机制。实践研究显示，大约73%的移动学习者尚未构建起规范化的学习策略体系。鉴于此，建议学习者对移动终端的功能特性进行系统整合，把学习内容拆分为可操作的阶段性任务，提前做好知识资源的数字化存储工作。通过制定具有可完成性和价值感知的学习规划，能有效提高学习者的参与热情。实证数据表明，当目标达成度预估高于68%时，学习者持续投入的概率会提高2.3倍。建议运用"碎片整合"策略，对系统性知识进行模块化处理，借助非连续性时段实现知识内化。

（3）积极培养移动学习者的移动学习习惯

要提升移动学习效能，需引导学习者构建系统化的自主学习模式，依靠不断强化主观意识来克服学习过程中遇到的各种障碍。此模式由多维度的实践途径组成：学习者要主动开展知识资源的个性化筛选与定向获取工作，搭建起具有个人特色的数字化认知体系；并且要踊跃参与学习社群的协同研讨活动，借助群体智慧来完成知识的内化与重构。形成这种结构化的学习机制，有利于学习者实现从被动接受知识到主动构建知识的认知模式转变，最终使移动学习效能得到整体提升。

（4）要有效管理移动学习信息

移动学习是借助互联网技术搭建起来的新型教育模式，其知识传播体系具备鲜明的数字化特性。不过，此模式下的信息资源常常呈现出碎片化的分布特点，这对学习者的认知建构效率产生了直接影响。所以，达成知识资源的系统化整合与高效运用，已然成为移动学习领域急需解决的关键问题。在实践方面，若要提升移动学习过程中的知识管理效能，可重点采取以下策略途径：

首先，学习者可利用移动终端设备连接互联网来查找所需资料。在这一过程中，要着重提高自身的信息甄别与整合能力，比如能够快速、高效地挑选出有价值的内容，并对其进行系统的整理。

其次，学习者可依据自身个性化需求，对移动学习资源展开即时检索、分类存储以及标签化管理，进而达成按需调用的目的。此机制允许用户借助移动终端，对数字化学习材料开展涵盖资源获取、信息整理以及知识重构等操作环节的全流程管理。

最后，移动学习环境中，用户在获取信息之后，需迅速构建起有效的关联并对信息进行妥善保存，从而保证在再次获取信息时，能够快速定位到所需资料。

（5）要科学规划移动学习的时间

移动学习属于非正式教育形式，其突出特点表现为学习活动在时间和空间上具备弹性，且学习内容可自主选择。从实施层面来说，此模式在内容挑选和时间规划上自主性和灵活性较高，不过知识获取过程常呈现碎片化特点。对于这种特殊的教育形态，学习主体需构建完备的自我调控体系，借助建立系统的学习管理机制，比如设定分阶段的学习目标、完善时间分配策略等，方可达成从松散学习向结构化学习的转变。构建这样的认知管理体系，有利于解决注意力不集中和目标不清晰等常见问题，进而提高学习效率。

第三章　数字化创新技术及其在高等教育中的应用

第一节 人工智能技术及其教育应用

一、人工智能技术概述

（一）人工智能的概念与内涵

人工智能技术已被世界主要国家列为重点发展的前沿科技领域。这一学科通过剖析人类认知活动的内在原理，搭建具有类人智能特性的计算机系统。其核心目的是研发可代替人类完成复杂智力任务的运算系统，也就是利用计算机软硬件技术对特定智能行为开展仿真模拟的理论与实践途径。该领域的研究体系包含多个维度的技术方向，主要有知识建模与表示、智能推理算法、数据驱动的学习机制、知识工程体系、语言信息处理技术、视觉感知计算、自动化机器人系统以及程序生成技术等关键研究板块。

（二）人工智能的分类

1.弱人工智能

弱人工智能（Artificial Narrow Intelligence，ANI）是当下人工智能技术的主要呈现形式，有着清晰的功能界限和应用局限。这一技术体系主要是为单一任务或特定狭窄领域所设计，其运行机理是构建在预先设定的算法框架以及特定的数据集之上。按照技术分类学的标准，当前已实现商业应用的智能系统（涵盖各种机器学习模型和深度学习网络）都归属于该技术类别。就像围棋对弈程序AlphaGo，它在棋类博弈领域表现出远超人类顶尖选手的运算能力，不过其知识体系仅局限于围棋规则集合和策略树分析，不具备跨领域迁移的认知灵活性。从技术哲学层面剖析，ANI系统的工具特性表现为其功能的达成完全依赖于预设程序，既没有自我意识进化的能力，也缺乏自主设定目标的机制。鉴于这种技术特性，学术界普遍觉得这类人工智能应当被界定为增强人类能力的辅助工具，而非具有威胁性的自主主体。

2.强人工智能

强人工智能（AGI），也被称作通用智能或完全智能系统，指的是拥有与人类能力相当、能够执行广泛任务的人工智能体。当前对于强人工智能的概念界定有泛化趋势，其中核心的争议点在于，缺少一套可操作的量化评估体系来判定智能系统是否具备通用性特征。面对这一理论难题，学术界针对AGI的判定标准开展了持续的讨论，然而至今仍未达成统一的共识。

在人工智能研究范畴内，拥有强人工智能特性的系统一般需达到以下关键能力标准：依据学术界的普遍认知，名副其实的强人工智能系统应呈现出多维度、类似人类的智能特点，其核心能力架构主要包含以下几个组成部分：

第一，存在不确定因素时进行推理，使用策略解决问题、制定决策的能力；

第二，知识表示的能力，包括常识性知识的表示能力；

第三，规划能力；

第四，学习能力；

第五，使用自然语言进行交流沟通的能力；

第六，将上述能力整合起来，实现既定目标的能力。

3.超人工智能

超人工智能（Artificial Superintelligence）指的是在科研创新、智力水准以及社会交互等一切认知维度上，都明显超越人类顶尖智力水平的智能形式。就目前的技术发展状况来说，此类系统依旧是科幻作品里的虚构事物，现实世界中还未出现能够得到验证的实现案例。

当前，人工智能技术的发展尚处于专用人工智能阶段，其系统运作机制仍局限于特定任务领域，尚未形成人类特有的抽象推理与创造性迁移能力。依据技术成熟度曲线理论，随着类脑计算与神经形态芯片技术的突破，人工智能领域正逐步向通用人工智能与超级人工智能阶段演进。技术成熟后，人工智能系统将实现人类认知模式的精准模拟，并在多元应用场景中完成复杂决策任务的自主执行。

二、人工智能驱动的高等教育创新框架

（一）院校智慧教学管理系统

1.教育决策预测系统

本研究通过构建多变量预测模型，整合教学周期、学科特征、师生比、教学模式及评价体系复杂度等核心变量，形成课程选择倾向预测矩阵。具体采用算法进行特征工程处理，通过值分解确定各变量贡献度，最终建立具有时序预测能力的选课决策树模型，实现学生跨学科选修行为的动态预判。

2.智能教学环境建构

在工程教育实践中，传统二维可视化手段存在空间表征缺失的局限性。引入增强现实与虚拟现实融合技术后，通过算法实现机械装置的三维动态重构，学习者可通过手势交互对选定部件进行自由度操作，实时观测应力分布云图与运动轨迹仿真。远程教学方面，基于数字孪生技术构建虚实映射系统，支持专家在生产现场通过设备进行实时操作示范，实现跨空间协同教学。

环境智能调控系统集成多源传感器网络，通过模糊算法实现照明强度、温湿度及$PM_{2.5}$浓度的闭环调节。通过卷积神经网络驱动的课堂参与度分析系统，结合头部姿态估计与微表情识别，构建学习投入度指数，精准识别需干预学生。

多模态教学评估体系融合眼动追踪数据、皮肤电反应与脑电信号，构建认知负荷三维评估模型。通过跨模态注意力热力图与知识掌握度曲线的协同分析，实现教学盲区的动态诊断，为教师提供包含知识点重构建议与教学策略优化方案的双向反馈机制。

（二）教师智能辅助系统

智能文本处理引擎集成预训练模型与语法依存分析模块，实现教学大纲的结构化生成。通过神经网络构建的习题推荐系统，能根据学生能力水平动态调整试题难度参数。

智能阅卷系统通过特征金字塔网络实现答题区域定位，结合文字识别与语义相似度计算，完成客观题自动批改。针对主观题评估，采用多头注意力机制构建的深度学习评分模型，有效释放其学术创新潜力。

（三）学生个性化学习系统

集成顶尖院校课程资源，通过知识图谱实现资源的自适应推荐。与传统教材相比，资源具有动态演化特性，能实时映射学科前沿进展。

沉浸式学习系统采用引擎构建游戏化场景，通过算法实现个性化学习路径规划。认知强化模块结合脑机接口技术，实时监测 α 波与 θ 波功率谱密度，动态调整知识呈现节奏，显著提升概念转化率。

三、人工智能技术与现代高等教育深度融合对策

（一）推动师生理念的变革，提升相关素养

建议开展专项宣导工作，提高教育主体对智能技术赋能高等教育机理的认知程度。在系统阐明智能技术参与教育活动的本质特性、实践方式和作用范围的基础上，要同时推动教学主体对相关技术进行系统化认识和科学化剖析。在研究方面，既要深入开展个性化学习机制、自适应系统构建以及深度认知模型等基础理论的研究，又要着重健全智能教育融合创新的理论体系。从实践角度来看，需要重点攻克智能技术在教育领域的跨界融合途径，推动教学模式的创新、应用维度的拓展以及跨学科场景的搭建等创新实践。

（二）深化人工智能教育产品研发，升级技术服务

智能科技企业可从以下三个维度开展教育信息化建设工作：其一，全面梳理教育行业的各类应用场景，精确判断人工智能技术在教学流程中的适用性，促进教育智能产品的技术更新与应用场景的深度契合。其二，研发具备多种功能的组件，借助智能算法的优化达成教学资源的动态调配，有力支持课前筹备、课堂教学以及课后评估等教学实践活动，进而提高教学质量并丰富个性化学习感受。其三，构建覆盖研发、测试、应用整个流程的质量管控体系，引入第三方评估组

织开展常态化的质量监督，通过制定行业准入准则和产品认证制度，为教育数字化的转型提供坚实的技术支撑。

（三）推动"政企学研"协同合作，助力教育人工智能发展

从人工智能与当代高等教育体系融合的实践情况来看，目前亟待重点攻克的领域主要有技术应用场景的开发、研发资金的配置机制以及产学研协同模式的优化等。解决这些问题需要多个主体持续合作，并进行系统性推进。具体来说，第一，政策制定者要开展战略规划，完善智能教育发展的制度体系，加大对教育领域人工智能项目的财政扶持力度，以此为技术创新提供源源不断的动力。第二，技术研发机构要明确自身的社会责任，加大技术研发和产品创新的投入，积极构建产学研协作机制，不断扩大技术应用场景的覆盖范围。第三，学校要推动人工智能学科体系的建设，可通过设立专门的教学科研机构或者增设智能技术相关的学位项目，系统地培养学生的计算思维和创新素养，尤其要提升学生的元认知水平和数据科学核心能力，从而为智能社会的发展培养出具有创新能力的复合型专业人才。

（四）建设教育人工智能示范基地，形成人工智能新型应用模式

针对当前人工智能（AI）技术于高等教育领域应用范围受限这一状况，可推行区域化试点推广策略。选择基础条件完备的院校，打造示范性基地，凭借这些典型案例所积累的经验，带动全国范围内的应用创新。具体可从以下两个维度实施：一方面，设立专家驻点支持机制。召集该领域的权威学者组成技术指导团队，定期前往示范单位，开展专项督导与技术指导工作。与此同时，推行智能教育能力提升计划，着重培养具备AI教学能力的复合型师资队伍。另一方面，构建教师认知转型体系。通过开展专题研讨、案例分析等活动，帮助教师纠正认知偏差。并且为教学人员开设人工智能教育专项研修课程，系统搭建智能技术应用能力培养框架，重点拓展教师在智能教育技术应用方面的知识储备和实践技能。

第二节 大数据技术及其教育应用

一、大数据技术概述

（一）大数据技术的概念

大数据技术的形成得益于数据科学研究与实践的持续积累。随着移动互联网、云计算、物联网等新一代信息技术应用不断深化，数据规模呈指数级增长，进而催生了新型数据处理范式。信息技术领域经历了从量变到质变的关键转折，大数据技术体系的构建正是这一转折的体现，它是数字社会发展进程中的重要演进阶段。

（二）大数据技术的基本特征

第一，数据形态具有多样性。现代的数据集合包含了诸如用户网络行为日志、视听资料、图形图像以及地理位置坐标等多种异构格式。如此复杂的数据构成，给信息处理技术带来了更为复杂的技术难题。

第二，数据价值密度较低。大数据分析的核心目的是从海量数据里提取潜在的价值信息，不过，物联网技术的广泛应用促使泛在化信息感知系统得以发展，使得数据总量呈指数级增长，其中高价值信息的占比大幅下降。目前，技术难题主要在于怎样搭建高效的智能算法体系，从而快速提炼并浓缩数据的内在价值，这已然成为阻碍大数据领域发展的关键技术障碍。

第三，高速性与实时性。此特性表现为数据处理进程具备高效性，一般能够在秒级响应时间内完成超大规模数据集的运算工作。这一性能指标是大数据技术和传统数据挖掘方法的核心差异点之一。

当前的技术体系在处理超大规模数据时，处理效能的局限性十分显著。从实际情况来看，若应用主体进行高成本的数据采集，但无法通过实时处理将其转化为有效的决策依据，就会直接造成投入与产出失衡的状况。这种数据处理能力和数据规模之间的矛盾，实际上是数字时代的一个关键研究课题。一方面，海量数据的处理对现有的分析范式构成了严峻挑战；另一方面，其独特的数据维度优势为加深认知维度、拓宽应用边界带来了新的机遇。

二、高等教育中的数据分析

（一）高等教育中的数据应用

1.招生与生源分析

运用教育数据挖掘技术，大大提高了高校人才选拔机制的效率。通过对历史生源数据库进行多维度分析，教育管理者可以了解考生报考行为特点与录取结果之间的关联规则，从而建立动态的招生指标分配模型。此外，结合对区域生源特征和学科布局的量化研究，学校能够准确掌握社会对人才的需求趋势，及时调整学科设置方案。这种基于实证分析的决策方式，切实达成了教育资源供给与区域经济发展需求的战略协调。

2.学习与教学优化

在教育领域开展数字化转型的进程里，数据驱动型决策机制正逐步成为教学改革的关键支撑。教育实证研究显示，对学习行为数据进行系统化的采集与解析，能够精准呈现学习者的知识掌握状况、认知上的薄弱之处以及个性化的学习特点。借助多维度的学习分析技术，教育工作者可以构建出精准的学情画像，在此基础上实施分层教学策略并进行动态的资源调配。教学实验证实，这种由数据赋能的因材施教模式，有效缩短知识内化所需的周期，最终达成教学效能和学习者体验的协同优化。

3.学生发展与管理

海量数据的运用大大地拓宽了教育管理的实践范畴。学校借助整合多维度数据，能全面、系统地评估学习者的潜在特质和成长诉求，从而搭建起个性化的教育支持系统。基于数据驱动的分析模型能够对升学抉择和职业发展路径开展前瞻性的预测，为个人的生涯规划提供决策参考。

（二）大数据对高等教育管理的影响

1.教育决策的精准性提升

在高等教育数字化转型的过程中，教育管理的决策支持系统朝着智能化方向发展。以前，教育政策的形成大多依赖小样本数据和管理者的个人经验，容易受到决策者主观偏好的影响，且受限于信息获取的范围。随着大数据技术的广泛应用，如今教育政策的制定已转变为以数据为驱动的客观运行模式，大大地提升了决策依据的科学性，同时也使实施效果更具可预测性。

在教育领域开展信息化应用，通过整合多方面的教育数据资源（如学业表现、课程选修情况以及数字化学习历程等），能够打造出全方位的学习者画像。借助数据建模的方法，教育管理主体可以全面、系统地把握学习者的行为特征和学业发展规律，具体涉及知识掌握的变化曲线、科目选择的倾向、学术兴趣的分布等关键维度。对教育数据之间潜在的联系进行深入挖掘后，这些量化分析的结果能为教学策略的改进和资源配置的决策提供依据。

在教育主体制定发展战略的过程中，运用数据驱动分析可不断提高需求预测的精准度。教育管理部门借助对历史数据的深入挖掘以及趋势建模，能够构建生源动态评估模型。此模型可以给出学科发展态势的预测情况、人才需求结构的分析等重要参数。借助这种量化决策支持系统，学校能够合理规划人才选拔方案、教学资源配置方案，从而达成教育供给与需求关系的动态平衡。

2.教学质量的有效评估

信息技术的创新发展促使教育评价模式不断优化。在教育数据的采集和分析方面，多源异构数据的融合运用为教学效果的评估提供了全新的技术途径。在当前的教育评价体系里，学生满意度调查问卷以及教师的自我评价报告依旧是主要的评估手段，这种依赖主观认知的考核机制存在一定局限性。而基于教育过程性数据的动态监测系统，借助收集教学互动频次、知识掌握情况曲线、资源利用效率等量化指标，搭建起多维度的教学评估模型，切实增强了教育质量分析的客观性与科学性。

依托大数据分析技术，教育工作者可以整合学业表现、课堂互动以及学习投入度等信息，构建起科学的教学质量评估体系。通过对跨学科课程以及不同教师授课模式的横向数据对比，能够有效找出效果更好的教学策略和有待优化的教学环节。对学业评估数据开展研究，能够揭示学生群体在特定知识模块中的认知障碍区域，为调整教学难易程度和核心知识体系提供量化参考。这种基于实证数据的教学诊断机制，有利于教育实践从以经验为导向向以数据为驱动的模式转变。

3.学生发展的个性化指导

现代教育技术的革新为高等人才培养模式的转型开辟了新的途径。在教育数字化推进过程中，借助对学生特征数据的深入剖析，能够构建起差异化的培养机制。传统教学范式受限于既定的课程体系，在满足学习者个性化发展需求时，显现出较为明显的不足。而数据挖掘技术的深度运用，让制定个体化培养方案成为现实，有力地推动了学生知识体系构建与多维能力提升。

（1）个性化学习计划

凭借海量数据挖掘技术，学校能够对学生群体在学业表现、兴趣特点以及学科偏好等方面的信息集合，展开深入处理与整合，制定出适应个体的学习方案。这一动态优化系统依据学习者知识结构的差异和发展需求，借助持续的追踪评估机制，对教学策略进行迭代更新，有力推动学习者认知能力提升和潜能开发。

（2）实时反馈和辅导

依托教育数据挖掘技术构建的智能分析平台，可对学习者的认知轨迹以及学业表现数据开展动态追踪，生成过程性评价报告。此系统借助构建个性化学习诊断模型，能够对学习者的知识掌握状况展开量化分析，并且依据学科能力图谱开展精准化的教学干预。举例来说，若学习者在学习过程中出现阶段性的知识缺漏，平台会自动启动适应性学习路径调整机制，智能化地推送分层训练方案。与此同时，平台还会为教师端同步生成差异化的辅导策略建议，以此达成教学策略与学习需求的双向动态匹配。这种以数据为驱动的教育模式，切实提高了教学资源的配置效率，提升了学习者元认知发展水平。

（3）职业规划和发展

依托针对学生多维数据的挖掘与处理技术，教育信息系统能够搭建个性化的职业发展模型。该系统会整合学业表现、学习轨迹以及兴趣偏好等指标，生成职业发展路径规划和决策支持方案。借助智能算法对个体特征与职业需求开展匹配分析，平台可智能推荐适配度较好的学科领域和就业方向。这种以数据为驱动的指导有助于教育对象科学地制定发展目标，增强职场适应能力，还能为人才市场的供需平衡提供保障。

（4）情感支持和心理辅导

依托数据挖掘技术，智能化平台能够从多个维度对学生的社交互动特征以及情绪波动指标展开分析，从而制定出个性化的心理辅导策略。若系统在动态评估过程中，发现用户存在心理压力或者情绪异常情况，便会自动推荐与之匹配的心理健康资源库信息，同时推送专业咨询渠道，助力用户获取专业的心理援助资源。

3.教育管理模式的创新

数字信息技术的广泛且深入运用，有力推动了高校治理体系转型。在传统教学管理模式下，决策工作大多依赖管理者的个体经验。这种方式存在主观决策和信息碎片化的弊端。学校借助对海量教育的分析，能够搭建起以数据为驱动的科学决策模型。此模型可对课程资源配置、师资发展路径以及教学评估体系进行优化。通过构建跨部门数据互通与协作机制，教学管理流程可实现数字化重构，进而形成动态调整、持续优化的闭环管理体系。这一体系的形成，大大提升了学校的运行效率和治理水平。

三、大数据技术在高等教育中的应用

（一）教学决策科学化

在现代高等教育范畴，大数据技术的引入促使教学模式发生变革，并且拓宽了教育观察的维度。在大数据环境下，教育工作者借助数字化教学系统，能够实时收集教学过程中的数据。这些数据包含多个方面，如学习资源的访问路径、课业任务的完成程度、阶段考核的成绩以及互动社区的参与情况等。这些动态的信息通过技术手段，被整合成系统化的数据存储档案。教育工作者通过数据挖掘技术对这些动态信息进行分析后，可以对课程设计方案进行动态调整，从而实现教学方法的精准改进。

（二）管理精细化

在高等教育数字化转型的过程中，数据科学的运用为院校治理体系的优化开辟了创新途径。学校借助数据智能系统，能够大幅提高管理服务的效率，推动教学资源分配更加智慧化。目前，我国有不少高校已经开展了教育数据治理的实践工作，它们通过搭建校园数据中台，重新构建教学管理体系，在教务信息化改革方面取得了引人注目的成效。基于物联网技术的教育装备协同系统可以对线上和线下的教学资源进行整合，利用智能感知和特征提取技术，实时收集学习者的认知行为数据，然后通过机器学习算法对多维度的学习特征进行分析，从而为制定个性化育人方案提供数据支持。

（三）教学信息化

数据科学领域的技术革新大大地推动了教育信息化进程的加速发展。借助对海量信息的处理与分析，教育技术不断革新，这不仅重塑了教学模式的适应性特点，还优化了知识传播的生态系统。具体来说，当下的教育实践具有明显的定制化特点，其运行机制既具备弹性化的特质，又有多元参与的特性。这种由技术驱动的教育变革，不但推动了教学场域向智能化发展，还促进了优质教育资源的高效流通、整合利用。与此同时，教育工作者面临着重构专业能力体系的挑战，

需要在知识储备和技术应用两方面实现突破。

数字化技术引发的社会变革对高等教育组织模式产生了深远影响。鉴于这一发展态势，高等院校有必要构建跨学科的协作机制，通过组建具备多种学科知识和技能的教学研究团队，打造一个在时间和空间维度上得以拓展的学科协作网络。这种对专业化分工的进一步细化，既契合了数据化时代教育发展的内在规律，也是达成精准化管理服务的关键途径。在实际工作中，教育工作者应着重提升团队的协同效能。这主要体现在：在教学和研究活动中共同协作完成各项任务，积极主动开展实践经验交流。同时，通过构建客观的自我评价体系，实现专业能力提升，在清晰认识自身短板的基础上，充分借鉴同行的长处，从而优化个人的专业成长路径。

教育实践应将数字化教学手段与传统教学手段整合，借助多元化的教学模式来提升教学效果。在运用翻转课堂模式时，要着重提炼关键知识点和典型案例，并将其融入实体课堂教学中；要重视多媒体素材的编排方法，科学设计视觉元素与动态效果的展示逻辑，合理安排课件演示和教师讲解的时间比例，预留充足的课堂互动时间，让学生能够进行思辨研讨、协作探究等高层次的认知活动。教育工作者要同时推动智能技术环境下师生互动模式的转变，积极解决教育技术革新所带来的实际问题：指导学生构建个性化的网络学习空间，引导他们自主规划学习路径、探索知识领域，逐步掌握学习方法体系，以此加强对学生创新思维和应用能力的培养。

四、高等教育管理信息化创新路径

（一）数据驱动的管理模式

1.数据驱动的决策

在学校的管理实践里，以量化信息为支撑的决策机制，已成为重要支柱。学校借助系统手段对多维度的运营数据进行采集、处理和分析，能够对教学主体以及课程体系的运行效率做出客观评价，制定出科学合理的决策方案。此机制在生源选拔、学科建设规划和教育资源优化等方面成效明显。比如，教育行政部门可以通过分析历史生源的分布特点以及学习者的满意度指标，灵活调整人才选拔方案，同时优化专业结构布局。这种管理模式有助于学校及时应对社会需求的变化以及行业发展带来的挑战。

2.数据驱动的教学设计

教育大数据支撑下的差异化教学策略借助整合学习者多维度信息达成教学优化。此模式基于对学习者学业发展轨迹、认知特点以及行为习惯等数据开展系统剖析，构建可动态调整的机制，以契合个体的学习需求。教育从业者能够依据学习者的知识掌握状况与认知上的阻碍点，搭建分层式教学资源库，并落实精准的干预举措。通过对课程内容体系进行重构、创新教学途径以及完善评价反馈机制，形成多维度的教育支持方案。实证研究显示，这种以分析学习者特征为根基的教学模式能够切实提高课堂教学效能和学业成就水平，推动实现教育公平。

（二）个性化教育的实现

1.学习轨迹分析与预测

大数据技术在高等教育领域赋能的一个重要应用方向，体现为适应性教学模式的创新实践。其中，学习路径追踪和学业进展预估是关键技术模块。学校通过系统收集并分析学生的学习行为记录，能够深入了解学生的认知特点、行为模式以及知识掌握方面的薄弱之处。基于智能算法的推演，可以对学习者未来的学术表现作出科学预测，从而建立起精准的学业支持机制。当监测系统察觉到某个学习者存在阶段性学习风险时，教学团队可采取前置性干预措施，如制定补充学习指导方案或提供个性化学习资料，有效避免学业问题，优化教学质量。

2.学习资源个性化推荐

教育个性化路径可采用定制化学习资源推送机制。学校依托对学习者行为特征和学业记录开展的数据挖掘工作，能够为不同的个体适配差异化的学习内容。这些定制化资源包含教材文档、多媒体课件以及专项训练题库等多种形式。

这种定向的推送机制，一方面可以提高学习者参与学习的积极性，另一方面有利于提高知识掌握的效率。以数学学科为例，对于学习兴趣浓厚的学习者，智能系统可优先推送高阶数学专题资料，从而有效保持其持续探索的学术动力。

（三）教育管理平台的建设

1.数据集成与共享

在数字化信息浪潮席卷的当下，打造一套系统化的教育管理信息系统，已成为学校迈向现代化进程中的重点工作。该系统的关键功能是促进跨部门系统间的信息整合与资源共享，以此提高信息交互的效率和业务协同的能力。具体来说，信息整合是借助对异构数据源开展标准化处理，能在统一平台上进行综合管理与分析；资源共享则是通过构建资源共享机制，破除部门之间的信息障碍，避免重复采集数据。这样的信息化解决方案，能够为教学运转、学籍管理、质量监督等核心业务提供有力的支持。

2.跨部门协同的信息化平台

教育管理系统包含了教务、人事以及学生事务等。搭建跨部门协同运作的数字化管理系统，能够切实提高行政效率和部门协作水平。此系统借助信息资源共享和业务流程整合，推动各职能部门实现无缝对接和高效协作。就拿学生突发事件处理来说，教务办公室、学工辅导员和学生服务部门能够通过统一的操作界面开展联动响应工作，大幅缩短事件响应时间，并增强处置工作的规范性。

第三节 区块链技术及其教育应用

一、区块链技术概述

（一）区块链概念

区块链技术发端于加密数字货币体系，它本质上是一种运用链式拓扑结构来组织数据块的分布式存储架构。此技术体系运用去中心化的数据管理模式，借助点对点网络达成交易记录的分布式存储与验证。数据块作为分布式账本的基本组成单元，每个都包含按时间顺序排列的事务处理记录，其结构由链接标识单元和数据存储单元共同组成。其中，链接标识单元利用哈希算法实现与前一区块的链式连接，数据存储单元则用于存放完整的交易明细。系统会自动生成不可更改的时间标识符来标记每个新增加的数据块，这种基于时间序列的链式加密机制形成了分布式数据库和传统中心化数据库在底层架构方面的核心区别。

区块链的技术架构能够描述成一种基于时序关联，由数据区块有序连接所构成的链式逻辑架构，它借助密码学机制达成分布式账本系统防篡改、防伪造的特性。目前，我国在技术标准化框架里已对这一概念给出了官方的技术定义，此定义主要从计算机科学的角度阐释了区块链作为分布式数据库系统的核心特征，着重突出其利用密码学原理来保障数据完整性与真实性的技术机制。需要留意的是，该定义已被归入国内信息技术领域的标准化文件体系，成为制定技术规范以及开展行业应用的关键参考依据。

（二）区块链核心技术的主要内容

分布式账本技术运用多节点共同维护的数据库架构，其核心机制借助密码学手段保障数据的完整性与不可篡改特性。此体系由按照时间先后顺序排列的数据区块所组成，每个数据单元都完整地记载了系统的交易历史，并且运用哈希算法生成数字指纹，各个区块之间通过链式结构形成不可逆转的数据序列。基于非对称加密的原理，该技术搭建起去中心化的价值传输协议，交易双方无需依靠第三方信用中介，便能够实现价值的转移，如此一来，可有效避免传统交易模式中存在的信任风险。以数字货币的应用作为例子，该技术框架成功搭建了去中心化的支付系统，在没有中心化金融机构参与的情况下，实现了点对点的价值交换。

1.分布式账本技术

分布式账本技术的关键机制是把交易记录功能分散到多个独立的节点上，每个节点都存储着完整的交易历史数据，这样网络成员就拥有了监督和验证交易合法性的权力。该技术的实质是打造一个跨越组织边界的协同数据系统，达成异构网络环境中资产信息的实时同步与共享。和传统中心化数据库依靠单一管理主体不同，分布式账本运用点对点架构来实现数据在多个节点的同步复制，网络中的参与者都能够获得完整且一致的账本数据副本。系统借助非对称加密体系（公钥和私钥的组合）以及数字签名技术来进行访问控制，依据密码学原理确保账本数据的完整性和不可篡改性。这种架构让信息更新无需借助第三方中介机构，所有参与者基于共识机制一同维护分布式数据库的状态更新。

2.非对称加密算法

依托非对称密码体制的密钥体系，借助设置公开密钥（公钥）和私有密钥（私钥）的双向验证机制，达成区块链系统里用户数据的加密保护。双密钥对会同时生成，公钥作为网络节点的共享验证参数，所有参与者都能利用其开展数据加密操作，以此实现数据验证功能；私钥采用单向存储机制，只有唯一持有者能够进行解密操作，进而构建起加密信息的访问控制屏障。

3.智能合约

智能合约作为一种依托区块链技术的数字化协议机制，其核心在于借助预先设定的逻辑规则和程序算法，达成交易流程的自动触发，并且具有跨链兼容的特性。此技术框架构建于去中心化的执行环境之上，其源代码的公开透明特性确保了在多方监督的情况下能够可靠运行。一旦预设的触发条件达成，系统就会强制开启程序化的操作流程。这样的架构设计能有效防止人为干预、逆向操作以及结果篡改等情况的发生，依靠可信的数据输入源，最终得出的输出结果具有无可争辩的可验证性。

（三）区块链技术的特征

1.去中心化

区块链技术架构是依据分布式网络原理搭建的。其网络拓扑结构由众多处于对等关系的计算节点组成，运用分布式账本技术达成数据的存储与同步。此架构舍弃了传统的中心化控制机构，无需依靠第三方中介机构，也不需要专用硬件提供支持，而是借助密码学算法，达成节点之间数据的自主校验、信息的交互以及协同管理。在这个架构里，每个网络节点都会保存一份完整的账本副本，利用冗余存储机制，确保数据的完整性。各个节点遵循权限对等的准则，通过协同工作机制，维持系统的稳定运行。这种分布式架构让系统拥有了较强的容错能力，即便有部分节点出现故障或者遭受攻击，也不会对整个网络的正常运行产生影响，切实保障了数据存储持久而可信。

2.共识机制

分布式账本技术里的节点协同协议，明确了去中心化网络里，各参与方验证交易有效性的准则。此技术体系借助构建多方验证机制，保障数据可靠性，让价值传输过程无需第三方提供信用支持。从技术实现角度来看，节点协同协议通过设定多数验证原则，构筑安全防线，在防范风险的同时，达成分布式账本多副本数据的同步。这种多方验证模式能依据具体的应用场景，对验证参数进行灵活设置，在系统处理能力和安全等级之间，形成动态的平衡机制，为不同的业务场景提供具有差异化的可信计算解决办法。

3.可追溯性

区块链技术运用区块架构来存储数据，每个数据单元都带有时间标记。这样的设计大大提升了数据溯源能力、验证效率。各个区块借助密码学哈希函数，建立关联机制，让系统拥有完备的链式回溯功能，任何历史区块记录的具体信息都能够得到有效追踪和核查。

4.高度信任

区块链技术搭建了一种依托密码学原理的信任机制，其信任根基来源于分布式网络里节点之间的共识算法。此项技术运用开放源代码、信息公开机制，让所有网络参与者，都能全面知晓协议规则、分布式账本信息。在实际运行时，节点之间的信息传输需要经过数字签名认证，并且借助预设算法开展自动校验，以此保证信息记录具有不可篡改的可靠性。这种去中心化的信任体系会通过共识机制，自动排除异常操作请求，有效管控传统中心化系统中的信任危机。

二、区块链技术在高等教育中的应用

（一）区块链技术的应用价值

1.改进高等教育模式

常规的高等教育体系，一般运用标准化的时间规划来开展课程，其知识传递的路径主要依据教材内容搭建，教学组织形式更倾向于教师的单向讲授模式。这种教育范式存在教学方法僵化、灵活性欠缺等实际问题，教学评估体系过分依靠纸笔测验来检验知识的掌握情况。在课堂上，多数学习者处于知识接收的位置，认知参与程度相对较低，对个体学习特征的适配性有较大限制。虽然这种培养机制在人才培养方面是普遍适用的，但倘若教育过程能真正实现差异化教学，将有助于推动人才培养朝着多元化方向发展。区块链技术与高等教育的融合创新，借助分布式节点存储技术，全面记录学习者整个学习周期的成长轨迹，其中包括正规课程学习、自主研修以及线上和线下等不同场景的学习轨迹。这些多维度的数据为教师构建学情分析模型、优化教学设计方案提供了数据依据。通过结合深度学习算法，对学习者的认知特征进行数据挖掘，能够制定出符合个体需求的学习方案。区块链技术所构建的不可篡改的数字档案系统，为学分银行体系、学术资格认证、教育信用评估等应用场景提供了可验证的数据源，从而构建起精准的人才培养质量保障机制。

2.共享优质数学教育资源

在高等教育数字化转型的进程中，信息化教学资源正朝着互联性、开放性和多元化的方向发展。像慕课平台、虚拟仿真系统等网络化教学工具，已逐渐成为现代教育体系的关键组成部分。目前，教学资源建设遭遇了诸多难题。一方面，高校自行开发的校本资源分布较为零散，内容重复情况较为严重，且质量参差不齐，尚未建立起一套系统的质量监管体系。另一方面，多元化的平台架构让管理标准缺乏统一性，资源共享面临着技术层面的阻碍。此外，系统间的数据交互存在网络安全方面的风险，用户个人信息有被泄露的潜在危险。同时，数字资产的确权与授权机制迫切需要制度层面的保障。针对这些问题，可以引入区块链技术来构建教学资源全生命周期管理体系，形成具有分布式架构和高效流转的资源管理模式。在这一技术框架下，通过多个节点的协同合作，能够实现资源的共同建设与管理。有助于提高资源的安全性。而分布式验证机制，则能为教学资源的内容质量提供技术支持。

3.优化教育管理

教育信息化进程不断深入，对高校管理体系的现代化水平提出了更为严苛的要求。构建科学且高效的管理体系，已成为实现智慧校园建设以及达成教育现代化目标的关键。目前，部分高等院校在信息技术与管理实践的融合方面存在明显不足，具体体现为：智能管理系统的基础设施建设还较为落后，这就让数据采集的完整性不够，信息处理与分析的维度较为单一，无法满足精准决策的需求；组织结构中纵向协同机制的缺失造成了数据壁垒，进而产生了典型的信息孤岛现象。区块链技术具备分布式存储、可追溯以及不可篡改等特性，能够有效整合教学活动中教师的行为数据、学生的发展轨迹以及资产的运行状态等多维度信息，为师生提供精准的服务。同时，通过搭建跨部门的链式数据共享平台，能够提升业务流程的透明度以及信息的对称性。在区块链技术革新教育管理模式的基础上，传统的教育治理范式实现了重塑，而且通过提高管理效能为高等教育的高质量发展增添了新的动力。

（二）"区块链＋高等教育"应用路径

1.构建数字证书验证平台

在高等教育体系当中，学生能力资质的认证主要借助学历文凭、复合型职业技能等级认证（"1+x"体系）以及荣誉资质等多种评价载体来实现。基于区块链架构构建的学业认证系统运用了时间戳技术，借助链式数据结构把学习行为全周期的数据完整记录下来。当个体达成既定的考核标准，并且满足智能合约预先设定的条件（即达成分布式验证协议）时，系统会自动生成与之对应的区块链加密文凭、职业技能认证或者荣誉资质电子文档。这一认证体系配备了能够溯源的数字标识，验证方通过终端设备读取认证编码，就能够实时查阅链上存证的相关信息。由区块链赋能的电子认证，依靠其共识算法保障了数据存证的可靠性，为人才市场搭建了具有公信力的职业能力评估体系，切实解决了传统证书验证过程中存在的信息不对称问题。

2.构建学分认证平台

高等学校审核毕业生资质时，核心指标之一是毕业生是否完成既定学分要求。学分核定机制的可靠性和效力，会对学术评价体系的公信力产生直接影响。利用区块链分布式存储的特性，可完整记录学生参与正规课程学习和课外实践的轨迹，进而形成不可篡改的电子学籍档案。当学生完成学业任务后，系统会按照预设算法对其学习成果进行验证，并通过智能合约执行学分认定流程，自动授予学术积分。教学管理部门会同专业教师，会把考核指标体系编译成区块链协议，该协议具体包含学习行为分析和成果质量评估两个维度。职业院校的学习者能够通过系统接口提交学分转换申请，凭借区块链存证，实现职业资质证书的顺利对接，保证所获证书具有法律效力和行业认可度。此技术架构运用时间戳序列对学分授予记录进行加密存储，从技术角度消除了学术造假和违规操作的可能。每个学分认证节点都会通过加密算法生成数据指纹，构建起不可逆转的学术信用链条，切实维护教育评价系统的客观性和公正性。

3.构建教育评价平台

教育评价体系革新是现代教育学研究的关键课题，其变革程度对人才培养质量起着直接作用。将区块链技术应用于教育领域，通过搭建分布式评价网络，把教师、学校以及第三方评估单位整合为平等的节点，借助分布式账本技术全面记录学习轨迹与成果数据。此系统以大数据分析技术为支撑开展多维度评估，能够生成个性化的学情诊断报告，给出精准的学习干预方案，切实解决传统评价体系中评价主体单一、缺乏过程性数据等结构性问题。在数据安全方面，该技术架构运用非对称加密体系对密钥进行分离管理，在保证评价信息开放性的同时，有效保护个体隐私安全。此外，智能合约与共识算法相互配合，通过预先设定的程序化规则减少人为操作失误，营造不可篡改的信用评估环境，从技术层面推动教育公平的实现。实证研究显示，区块链赋能的教育评价体系在个性化诊断的精准度、过程性评价的完整性以及结果的公信力等方面优势明显，为学习者的发展提供动态的成长支持。

4.构建数字资源共享平台

在教育领域推进数字化转型的过程中，构建具有开放性、共享性且内容优质的数字教育资源平台，有着极为重要的现实价值。当前，高等院校在数字化资源建设工作中还存在一些局限，而将区块链技术融入其中，为完善资源共享机制、强化质量监管以及保障体系的长期有效运行，提供了创新性的解决办法。各高等院校可以通过组建高校联盟，以联盟链节点单位的形式开展合作。各成员机构基于私有链架构搭建内部节点系统，以此实现跨机构的资源协同管理，进而有效打破信息壁垒。当用户向平台提交资源时，系统会自动启动智能合约审核机制。经审核通过的数据包会借助点对点网络分发给各个节点单位，依靠分布式账本技术完成多方验证环节，最后通过时间标记机制实现对资源版本的管理，以此保证学术资源的可信度。区块链具备分布式数据存储的特性，再结合智能合约的功能，能够完整记录资源从交易、传播到使用的整个流程轨迹，大幅提升管理效率。这种由多机构协同搭建的区块链资源管理框架，为学术资源的生态化发展筑牢了技术根基。

5.构建在线学习平台

数字化教育资源凭借突破传统教育时空限制、提供个性化学习方案等优势，已然成为高等教育改革的关键研究对象。虽然这种教育模式在一定程度上能够弥补传统课堂教学的缺陷，但在实际运用过程中，依旧存在学习效果不稳定、学习过程互动性欠佳以及学习者自主学习难以持久等状况。基于区块链技术搭建的分布式学习系统，借助多节点存储架构与时间戳追踪机制，全方位记录学习者的数字化学习轨迹，保证学习记录能够追溯源头且数据完整无缺。一旦学习者达成特定的学习目标，系统内预先设置的智能合约就会自动启动，按照既定条件向学习者账户发放可用于兑换教育资源的数字凭证。同时，公私钥加密体系的运用，有力地保障了学习者身份信息的安全，对个人隐私的访问权限进行了严格把控。区块链架构所具备的分布式特点，打破了教育资源之间的壁垒，让学习者能够直接获取多个机构共同打造的优质教学资源，构建起教育资源与需求者之间的点对点传输渠道，进而提升了资源配置的效率。

第四节 虚拟现实技术及其教育应用

一、虚拟现实技术概述

（一）虚拟现实技术的概念与特征

虚拟现实技术（涵盖增强现实与混合现实）是沉浸式数字技术的典型代表，现在已经成为当代信息科技发展的重要领域，在助力社会数字化转型以及推动教育教学变革方面具有非常重要的意义。这一技术体系以计算机图形学、多源传感技术和环境模拟技术为支撑，打造出融合多维感知的数字化空间。具体来说，它运用计算机算法创造出三维动态视觉景象，并结合同步的音频反馈，还有触觉回馈系统，营造出具有空间真实感的模拟环境。使用者通过人机交互设备，能够按照自然行为模式与虚拟对象开展实时交互，从而获取与真实场景相近的感知体验。该技术具有深度沉浸感、双向交互性以及情境构想性等三个核心特征，其学科范围涉及计算机科学、认知心理学、人机工程学等多个领域的交叉与融合。需要关注的是，在与人工智能技术深度融合的进程中，虚拟现实系统正逐渐展现出智能化发展与自主迭代等特点。

虚拟现实技术是典型的多学科交叉领域。它的技术体系整合了计算机图形学、传感器技术等多领域的研究成果。此技术被列为新一代信息技术的关键发展方向。它借助多维感知交互，重塑了人类对空间环境的认知模式。从产业链的组成情况来说，主要涵盖硬件设备研发、系统软件开发、数字内容制作以及服务平台运营等四大核心模块。在实际应用方面，该技术已顺利融入数字文博展示、沉浸式赛事直播等多个重要产业领域。

（二）增强现实技术概念及特征

增强现实（Augmented Reality, AR）处于前沿交叉技术领域，其技术体系是由虚拟现实技术延伸发展而来。此项技术整合了计算机视觉呈现、人机交互系统、空间感知与定位等关键技术模块，借助数字信息和现实环境的有效融合，达成多模态感知增强的效果。从技术特征来说，AR 系统拥有虚实融合、即时反馈、空间映射这三项基本属性。在显示设备分类上，依据显示终端和用户的空间关系，能够划分为近眼显示装置、移动终端界面和沉浸式环境投影这三种类型，它们分别契合不同应用场景的交互需求。

增强现实作为前沿交叉技术，它在多个行业的渗透能力已被实践所证实。在教育场景里，增强现实技术能够搭建三维可视化的教学场景，并且支持开展虚拟仿真实验操作，从而有效提高知识的传递效率。在文旅产业中，利用该技术的空间定位和图像识别功能，可为游客提供自助导览的解决办法，借助虚实融合的交互界面，实现历史场景的动态再现、文化遗产的数字化展示。在商业零售领域，基于人体建模算法的虚拟试衣、商品三维可视化展示等创新性功能，可以大大优化电商平台的沉浸式购物体验，明显提升消费体验和转化率。从当前技术的发展趋势来看，增强现实技术在工业制造、医疗健康、市政管理、影视娱乐、互动游戏、文化展览等行业的赋能价值正逐渐凸显出来。

（三）混合现实技术的概念及特征

混合现实（MR）作为虚拟现实技术的高阶发展形态，它的技术特点是把数字化场景信息融入现实物理环境，搭建起了真实物理空间、数字化环境和用户主体之间的多维度信息交互途径，进而大大地提高了用户感知的真实程度。这一技术体系通过有效整合虚拟现实（VR）和增强现实（AR）两种技术的特点，深度拓展了增强现实技术的优势。按照技术发展理论架构，智能化终端设备最终会从增强现实技术体系过渡到混合现实技术架构。从技术实现原理来看，混合现实系统借助精密的影像捕捉设备，打破了人类裸眼视觉的限制。而增强现实技术主要侧重于虚拟元素的叠加操作，并不涉及对真实环境的深入剖析。

二、虚拟现实技术在高等教育中的应用

（一）虚拟现实技术应用于高等教育中的优势

1.弥补了现有教育经费、教学条件的不足

传统的实验教学往往都会受到硬件设施、场地条件以及资金投入等多方面因素的限制，这使得一些必要的实验项目都难以得到有效开展。虚拟现实技术（VR）的出现，为解决上述问题提供了创新性的途径。它借助构建数字化的实验环境，可以让学生能够在虚拟空间里开展丰富多样的实验操作。此技术不仅可以模拟真实实验场景的操作过程，还能让学习者通过沉浸式的交互方式，获得与进行实体实验相近的实践感受，这就有利于增强学生的直观认知，加深其对理论知识的内化程度。从教学资源配置方面来看，运用该技术既能够优化和提高教学质量，又能明显减少实验耗材方面的持续开支。与传统模式需要不断投入资金不同，VR系统虽然在初期建设时需要进行一次性投资，但其后续维护可以通过调整软件参数，实现实验项目的动态更新。这种可扩展性的特点，大大地提高了教学实验设计的灵活性与适应性。

2.避免真实实验或操作所带来的各种危险

在传统实验教学里，那些具有高风险性或者可能对人体造成危害的操作，一般会用视频演示来取代实际操作。这就使得学习者很难凭借亲身体验形成直观的认知。而虚拟现实技术的应用，很好地解决了上述难题。借助构建虚拟的实验环境，学习者能够在确保安全的条件下，自主开展高风险或者存在潜在危害的实验操作。该技术的运用，既排除了传统教学中的安全隐患，又为实践性教学提供了更加坚实的技术保障。

3.突破空间、时间的限制

虚拟现实技术运用于教学场景，能有效打破物理空间的限制。学习者借助三维可视化界面开展沉浸式探究，既可以探索宏观尺度下宇宙星体的运行规律，也能够研究微观层面的亚原子粒子结构。同时，该技术攻克了时间维度上的教学难题，把原本需要数十年甚至上百年周期的演化过程，压缩到可观测的时间范围

内，达成复杂科学现象的可视化教学。虚拟现实系统凭借这种在时空维度的双重拓展能力，在认知维度上呈现出相较于传统教学媒介的独特优势，为抽象科学概念的具象化表达给予了技术支持。

4.虚拟人物形象

虚拟现实技术借助构建历史人物、教育工作者以及医疗从业者等多种角色的数字化模型，可为远程学习者打造具有人文关怀特性的教学场景。此技术体系能够对真实的人际交互模式进行模拟，让分散的在线学习群体在低压力的交互环境下达成知识建构，切实增强远程教育中的情感化学习感受。

5.可以充分发挥学生的想象力、创造力

虚拟现实（VR）教学平台呈现出鲜明的个性化特点，在相同的技术环境中，不同的学习者能够获得具有差异的认知体验。凭借这一特性，仿真系统可依据用户的学习轨迹构建自适应调整机制，进而在教育技术领域引发两方面的变革：其一，为自主探究型学习模式的发展提供支撑；其二，推动互动协作型知识建构的达成。这种个性化的人机交互模式为现代教育技术研究开辟了新的实践途径。

6.具有高度的灵活性

VR系统可通过对软件内视景生成模块的参数配置加以调节，有效模拟真实环境里物理参数的变化。借助这种参数调控机制，当前的软件平台在面对不同任务需求时，只需开展相应的参数调整工作，就能达成功能转换，充分展现出系统具备的灵活性与操作便捷性。

（二）虚拟现实技术在高等教育中的具体应用

1.虚拟实验教学

在高等教育实验课程里，虚拟现实技术的典型应用是构建数字化虚拟实验室。此技术凭借三维场景模拟以及交互操作功能，能切实解决传统实体实验室所面临的经费受限和安全管控困难等问题。鉴于VR系统具备高仿真的特性，教学单位可以有系统地开展在常规条件下难以开展的高危实验项目以及精密仪器操作训练。在控制教育经费开支和保障学生人身安全的情况下，这类技术方案能够切实提高学生的实验操作技能和问题解决能力。

2.专业仿真技能训练

虚拟现实技术与复杂专业领域的前期培训高度契合，能大幅减少教学资源的投入。在高等学校广泛开设的实践教学环节里，教师可依托VR平台，有系统地搭建专业化的实训模拟平台，进而降低实践操作过程中的潜在风险和经济成本。

3.虚拟课堂

虚拟教学环境是虚拟现实技术在教育领域的创新实践形式，其应用范围突破了传统课堂的空间局限，打造出支持多终端接入的混合式教学环境。此技术借助三维建模和人机交互系统，营造出高度逼真的沉浸式学习场景，大大地拓展了体验式教学的实施维度。从教育心理学的角度来看，这种数字化的具身认知环境契合建构主义学习理论的基本准则，能够动态地创设多维度的教学情境，进而优化学生的情感投入和认知加工流程。与传统教学模式相比，虚拟教学环境的技术优势在于能够突破物理条件的约束，通过开发具备教育功能的VR交互程序，把知识传授转变为富有趣味性的认知实践活动。需要关注的是，虚拟教学环境作为数字化内容的展示平台，可以与慕课平台、远程教育系统以及碎片化学习资源产生技术协同效果，达成多模态教学资源的有效整合和效能提高。

4.艺术创作

在数字媒体艺术教学实践过程中，虚拟现实系统呈现出了有别于其他技术的应用价值。以高等艺术院校的创作活动为例，VR技术为造型艺术训练搭建了沉浸式的创作平台。学习者能够利用头戴设备，在三维空间里开展数字绘画、动态雕塑以及全息建模等综合性的艺术实践活动。这项技术打破了物理材料的局限，凭借多样化的数字素材库以及三维建模工具，打造出多维度的感知空间，能够切实激发艺术专业学生的创新思维与审美能力。另外需要注意的是，VR平台所支持的虚拟美术馆系统能够模拟多种场景的展示方案，并且结合人机交互界面，达成作品的动态呈现。这种技术特性正促使艺术教学范式向着跨媒介的方向发展。

（三）虚拟现实教育的新挑战与新要求

虚拟现实技术于高等教育领域的深度应用正重塑传统教学体系。此项技术革新在促使教学理念与实践方式转变的同时，也为高等学校带来了急需解决的挑战以及革新要求，具体体现如下：

第一，虚拟现实技术的普遍应用给教育工作者及其团队带来了全新的专业挑战。大部分专业教师在三维场景搭建、程序编码等专业技术方面存在知识空白，这就意味着院校需要组建跨学科协作的师资团队。

第二，搭建虚拟现实教育系统要达成两方面的技术条件：硬件方面，要配备计算终端、头显设备等基础设施；软件与服务方面，要求供应商能够提供包含场景设计的整体技术方案，并且需要构建配套的技术培训支持和协作平台。

第三，在高等教育领域运用虚拟现实技术时，教师要依据该技术所具备的多维信息呈现功能，结合学科专业特点对教学方案展开系统性的重新构建。倘若课程内容与媒介特性未能实现深度契合，不但无法充分发挥新型教育技术的潜在优势，而且也难以达成提升教学质量的预期目的。

第四，高等学校要在政策和资金方面为虚拟现实技术的教学应用给予必要支持。通过规划专项教学改革课题、构建示范性优质课程体系、开展师资技术能力提升计划、搭建校级资源共享平台等一系列举措，是推动虚拟现实教育实践的关键途径。这些制度性的安排以及资源整合机制，是实现虚拟现实技术在高等教育教学中深度应用的具有战略意义的系统性工程。

第五节 云计算技术及其教育应用

一、云计算对高等教育的影响

（一）云计算的教育优势

1.节约教育成本

随着教育信息化进程不断向前，学校在数据处理方面承受的压力与日俱增。为了满足新型计算需求，各教育单位不断扩充硬件设施和系统软件，资金投入规模持续攀升，然而实际应用效果与资源配置却出现了明显的失衡。在线教育模式的广泛推广，使得许多院校纷纷开展自主研发网络教学系统的工作。在这一过程中，不仅系统开发需要投入大量经费，日常的运维管理也涉及多个领域的资源消耗。除了专业技术团队，平台运营还非常需要配备教务协调人员和教学资源开发团队，从而形成了多维度的资源分配压力。云计算技术在教育领域的应用为学校提供了全新的解决途径。借助互联网接入，就能实现对云端资源的调用，大大地提高了教育信息服务的灵活性和可扩展性。

2.帮助学校整合现有资源，提升效益

在数字化教育基础设施规划时期，学校通常会投入巨额资金来购置信息化设备。但早期购置设备的存储容量和运算性能，渐渐无法契合当下教育场景的技术要求，使得这些硬件设施陷入提前被淘汰的局面，造成了明显的教育资源浪费。针对这一现象，可采用基于开源技术的云平台架构来执行硬件资源重组方案。具体来说，就是对待淘汰的计算节点开展集群化管理，构建具有弹性扩展能力的虚拟化资源池，从而达成学校闲置计算资源的效能转换，按照需求分配计算资源，以适应用户不断变化的服务需求。

3.助力网络教育资源库建设

在构建数字化教育体系的进程中，教育资源库的架构设计是关键的基础工作，而保障数据存储安全更是其中的核心任务。目前常见的方案大多采用本地化服务器集中部署的模式，主要依靠防火墙配置和病毒防护系统来保障数据的安全。但随着网络安全威胁形式不断发展变化，传统的防护体系在应对高级持续性威胁（APT）攻击、零日漏洞等新型安全风险时，逐渐暴露出防御能力不足的问题。鉴于此，可考虑引入分布式云计算架构对教育资源进行云端托管。借助云服务商所提供的冗余编码技术以及专业的数据安全运维团队，搭建多层防御机制，以此从整体上提高教育数据资产的安全防护水平。

（二）云计算对高等教育的影响

云计算技术作为一种新兴的网络服务架构，其核心特点是对虚拟化资源进行整合。这一技术体系搭建了基于分布式计算框架的互联网服务平台，借助标准化接口达成便捷的操作，让用户能够开展海量数据的存储、运算与分析工作。凭借云端服务器的分布式处理能力，这种服务模式能够依据用户的需求对计算资源进行动态调配，按照需求提供高性能的计算服务。

依据量子力学理论框架展开分析，云计算能够看作是"电子云"概念在技术层面的映射，其系统架构清晰展现出计算过程具备群体协作特性以及分布式拓扑结构。这一架构的基础是经过规模化部署的服务器集群，这种集群借助整合数量庞大的计算单元，达成数据存储和计算资源的协同调度与集中管理控制。

在传统的计算架构里，用户要借助本地终端设备安装特定的软件，才能够开展操作任务，相关的数据资源一般存于个人的硬件设备之中。而在云计算环境下，软件系统能够直接部署到网络服务平台，用户数据可通过分布式数据中心进行集中调用。云计算供应商承担起数据的系统性维护以及安全管理工作，借助虚拟化技术搭建服务架构。服务提供商还会给用户分配具备动态可扩展性的存储资源与弹性计算资源，从而满足不同规模的数据存取和运算处理需求。这种资源供应模式切实达成了基础设施的按需分配，搭建起网络环境下的共享式服务体系。

从技术发展走向来看，云计算技术的不断深入发展会与教育行业的创新实践实现深度结合。云计算技术在教育场景里的应用模式会朝着多元化方向发展，能够切实推动我国教育体系在质量和运行效率方面共同提高，从而持续为各个产业领域输送具备高素养的人力资源，有力增强国家在全球竞争中的综合竞争力。

（三）云计算如何带来帮助

1.低成本提供在线应用软件服务

云计算技术借助集中式资源管理机制达成服务模式的革新。在云端架构里，计算资源由服务器集群进行统一调度，用户只需借助浏览器界面，便能访问各种应用程序和存储数据。这一技术体系能够直接调用在线文档处理、邮件系统应用等功能模块，切实减少了学校在信息化建设方面的资金投入，同时还避免了因系统频繁升级而产生的成本负担。以Google云服务平台为例，其研发的在线日历管理工具和文档协作系统（像Google Calendar和Google Docs），让用户能够在网页端开展日程规划、学习项目管理以及多用户协同编辑等操作。这种依托网络平台的数据共享机制与协同工作模式，大幅提高了教育资源的使用效率和团队协作效果。

2.创设网络学习平台

在教育领域，云计算技术的深入应用，促使教育主体将数据存储与处理逐步转移至云端，推动传统在线教育模式不断转型升级。云计算技术能够构建智能化教育生态系统，为教学活动营造良好环境，同时还能显著优化师生互动的条件。从实践情况来看，云服务架构消除了时空因素对教育活动的限制。借助云平台强大的资源整合能力，用户能够访问丰富多样的知识库，获取具有针对性的个性化支持服务。在这一基础上，用户可以依据自身的认知特点，自主规划学习进程，灵活挑选契合自身需求的数字化学习方案。

二、云计算在高等教育中的应用

（一）云计算在高等教育领域的应用

1.构建个人网络学习环境

在数字化学习的大环境下，培养学生的自主探究能力已成为提高学业成绩的有效途径。基于云计算架构所搭建的多模态教育技术平台，可以打造个性化的在线学习空间，让学习者借助人机交互界面，达成知识内化与情感体验的同步发展。实证研究显示，这种将认知参与和情感激励相融合的教学模式，能够有效提升学习者的知识建构效率，增强他们地主观学习满意度。

2.提升学习效率

在教育信息化的大背景下，云技术能够满足个性化的学习资源需求。这一技术体系以学习者为核心构建服务架构，借助动态分配的方式，提供具有实时性、高可用性以及安全可靠等特点的数字资源，并结合大数据分析手段对海量信息展开深度处理。系统凭借智能解析功能可以解决疑难问题，并且通过精确筛选优质信息资源，切实提高了知识获取的效率。

云计算架构的创新性运用促使系统运算效率产生了质的提升。借助这一技术平台，能够帮助学生克服传统教学里存在的认知瓶颈难题，特别是可以采用可视化手段来解释抽象的理论模型。这种智能化的计算模式，在解决问题的过程中注重跨学科知识的融合运用，有助于促进学习者综合素质的协同进步。

3.构建出新型图书馆

目前，像高校及公共图书馆系统这类综合性文献机构，正面临因馆藏规模不断扩大以及文献类型日益多样所带来的管理难题。借助云计算技术搭建的智能管理系统，可对文献元数据开展智能编目操作，达成文献资源的科学、标准化管理。这一技术的运用，大幅提高了文献资源的可获取程度与服务效率。具体来说，通过对关键字段实施数据挖掘和聚类分析，构建多维度的分类体系，进而优化读者的检索途径，缩短查找文献的时间。

目前，用户能够借助PC端、移动终端以及平板设备等多样的方式接入数字图书馆平台，获取数量庞大的文献资料。这种服务模式切实化解了职场人员因工作强度高而难以开展系统化学习的实际难题，让他们可以充分利用碎片化时间来更新知识，进而在提高馆藏资源使用效率方面具备重要的实践价值。

4.构建教学的科研"云"环境

在现代科学研究里，众多课题的开展在很大程度上依赖于精密的计算以及数据的解析工作。要依据各个实验室的学科特点和项目要求来制定实验方案，并且组织起成体系的技术验证流程。达成这些需求通常会消耗大量的人力和物力资源，而搭建智能化管理平台能够切实提高资源配置的效率。目前，学校大多聚焦于借助分布式计算架构达成科研流程的数字化管理。基于云计算架构的解决办法，由于具备高效的特性，正逐步成为高等学校的优先选择。

5.加快全球化教育资源的建设

目前，教育资源开发工作主要由教师团队和教育技术中心携手开展。他们所研发的多媒体教学课程以及在线学习资源，内容趋同现象明显，同时还存在资源迭代效率不高这一突出状况。伴随云计算技术的普及应用，基于云存储架构的教育资源共享平台已大规模部署。此技术体系能够让多元用户群体根据自身需求调用云端教学资源，还能实现资源的实时更新与功能拓展。鉴于此，教育产业链的各个主体迫切需要构建协同创新机制，借助共建共享模式来完善教育资源数据库，进而打造动态优化的教育信息生态系统，有力推动教育服务体系向现代化转型。

（三）云计算的信息化应用

1.云计算在高等数字化教育中的应用

（1）云计算促进开源教育软件的发展

云计算在教育信息化中的应用，给开源教育软件的发展创造了有利条件。

在技术架构方面，开源技术体系和云计算架构在核心设计理念上高度契合。二者都将服务导向型架构作为基础框架，推行资源开放共享的运营方式。具体来说，开源技术体系依靠模块化设计特点，在系统的可扩展性和适应性方面优势明显；云计算架构在技术发展进程中也体现出相应的弹性扩展能力和服务定制潜力。这种技术特征的相似性为两者的协同发展提供了理论支撑。

（2）以云为平台，促进数字化教育的多元化发展

伴随教育信息化的不断推进，教学数据资源的规模持续扩大，服务种类也日益丰富。在这样的背景条件下，用户群体对于教育数据服务的需求也相应地展现出差异化、个性化的发展态势。而云计算技术支撑体系能够有效契合这种处于动态变化中的服务需求。

（3）构建个人网络学习环境，提高网络学习效率

当下，数字化教育领域发展迅猛，学习者群体规模有明显的增长趋向。为了契合这一教育形态的变革需求，教育技术领域正积极推动个性化在线学习平台的系统建设。基于云端计算架构的教学资源平台，已达成多模态课程内容与交互式学习模式的融合运用。并且，学习者能够借助智能化网络终端，自行设置学习界面的参数和功能模块，打造出专属的知识获取空间。

2.云计算在数字化高等教育中应用的技术

云计算的核心特性主要体现在资源虚拟化方面。此技术借助构建抽象层达成软硬件的解耦，使用户无需受硬件层面的制约，只需通过软件接口便能达成功能需求。在分布式架构里，虚拟化技术可对异构计算资源开展统一调度，切实解决传统架构中出现的负载不均衡现象，也就是部分物理设备处于高负荷运转状态，而另一些设备的资源却处于闲置状态。这种动态的资源调配机制既提高了基础设施的整体利用效率，又大幅提升了大规模数据处理的吞吐能力。

三、云计算应用与资源建设的优势

虚拟化技术能够把物理设备转变为多个彼此独立的逻辑计算单元，以此提高硬件资源的利用效率，同时优化软件部署流程。此技术借助构建物理层和应用层之间的隔离机制，能够达成异构资源的池化处理或者对单一资源进行多实例分割。在云计算范畴内，该技术的实现架构主要依靠图形处理单元（GPU）、服务器集群以及操作系统等基础组件来搭建资源共享平台，从而为用户提供个性化的云服务解决方案。

云计算平台管理技术的关键作用体现在它对大规模服务器集群以及多样应用系统的协同运行能力上。借助施行智能化的运维策略，此项技术可切实保障硬件设施的稳定持续运行，实时对系统异常状况进行诊断，并落实精准的修复举措，保证云计算环境具备较高的可靠性和运行效率，进而提高平台整体的资源优化配置程度和服务输出能力。

四、云计算对远程教育资源建设的影响

在远程教育技术应用范畴，云服务提供商依据学校应用场景的特性，凭借大规模并行计算架构的高性能服务器集群，打造具有定制化特点的教育云服务解决方案。学校能够借助弹性租赁的模式来获取云服务资源，达成教学平台和分布式云服务器的无间隙对接，进而为在线学习、自主评估等教学环节营造高效的技术支撑环境。

云平台依托其突出的网络带宽优势，还有高可靠性的软件系统，搭建起了高效的资源共享服务架构。此项技术借助对海量优质教育资源进行集中调度，达成了服务效能的整体提升。在远程教育范畴内，云服务架构能够汇聚政府、院校和企业等多方的资金投入，打造教学资源协同开发机制。这种模式既能推动各教育主体间的资源共享，又能大幅度提高教育资源的配置效率，进一步降低远程教学设备的使用门槛，让师生们更方便地获取数字化教育资源。

依托分布式计算架构构建的云服务平台，借助共享式的硬件基础设施、模块化的应用系统达成教育资源的共享。此技术体系集成了大规模在线教育系统的数据资源，从而大大地提升教育资源的配置效率，有力地缩减了区域间数字教育的差距。尤其是在教育基础较为薄弱的中西部省份、县级行政区以及新型城镇化地区，这种由技术驱动的资源整合模式，对提高区域教育质量发挥了明显的促进作用。

第四章 教育技术的创新实践与教学范式重构

第一节 数字化延伸传统教学场景

一、现代教育技术在远程教育中的应用

网络教育作为第三代远程教育形式，是基于现代教育理论搭建的数字化教学模式。此教育模式借助计算机网络技术，利用网络和数字技术达成音视频与数据的实时或非实时传送，营造出可交互的远程教学环境。其核心特点可总结为三个方面：第一个特点是教育主体和学习者处于时空分离的状态，这种分离性要求学校必须打造专门的学习支持体系，涵盖定制的课程体系和教学资源库。第二个重要属性是教学交互具有间接性，这就要求学校搭建专门的信息交互平台，并配备持续的教学支持服务，既保证学习者获取知识，也为教师提供教学辅助手段。第三个本质属性是教育活动存在空间分离特性，这一根本特点决定了远程学校要形成与之适配的教学开发体系，包含分层式课程开发机制、多维教学设计模型、动态学习支持系统，以及与之相匹配的教育管理评估体系，这些要素共同构成了远程教育研究的核心范畴。特别要说明的是，教育主体间的空间分离特性不但是远程教育的本质属性，还是推动该领域研究进步的内在驱动力，它直接决定了学校在课程构建、教学实施、服务支持等环节要建立有差异的运作模式。

（一）现代远程教育资源的建设

网络化教育数字资源是指借助现代信息技术搭建起来的数字化教学材料体系，其主要特点体现为具备教育信息的海量存储能力以及价值转化功能。该类资源运用现代信息处理和传输技术，以二进制编码的形式在互联网环境里开展数据传播工作。其范围包含多媒体视听资料（如音频、视频）、智能化教学应用程序、网络交互平台（如电子邮件、门户网站）、虚拟教学环境（例如在线课程管理系统、论坛社区）、计算机仿真程序、结构化文档以及信息存储库等多种形式。

这类资源以知识传递作为核心功能，借助信息技术达成教育内容的数字化重构与网络化共享。

1.现代远程教育资源建设的内容

现代远程教育体系的资源建设需作为一项系统性工程协同开展，主要涉及以下几个方面：课程体系搭建、数字化资源平台打造、人才队伍培养以及配套教辅资料研制。从实施角度来看，这一体系建设主要有七大要素：教学素材数据库的开发、在线课程体系的规划、分布式教学节点的布局、智能教学系统的研发、教育信息门户网站的搭建、政策法规体系的完善以及教育技术人才能力提升项目。其中，政策法规体系包含远程教育标准的制定和质量监控机制的建立，技术人才项目则包括师资信息技术能力的培训和教学设计师队伍的建设。

2.现代远程教育资源建设的步骤

现代远程教育资源开发一般采用层级化的组织管理模式，其基本实施途径如下：顶层设计机构承担着制定资源开发总体目标、框架体系以及技术规范的职责，借助多方协调机制把具体的建设任务分派给各个执行单位。此资源开发体系的主要参与机构有教育主管部门和具备行业优势的科技企业。整个建设流程主要涵盖以下关键环节：

（1）需求分析

在资源库建设的前期评估工作中，需要全面考量多个维度的因素。通过系统且深入的分析，明确资源的类型、在各学科的分布情况、具体的内容要素、数量方面的指标以及特色化资源的配置需求。此项工作必须严格依照教学大纲和课程体系的框架来开展，把各学科资源建设所涉及的要素进行模块化的拆分。除了基础的教学素材之外，还应将数字文献资源、教育技术应用软件这类辅助性材料纳入资源体系之中。评估流程最终应形成标准化的资源建设需求评估报告，该报告可作为制定资源建设规划的决策参考依据。

（2）确定标准

按照国内教育信息化技术标准委员会发布的资源构建技术规范，在实施过程中要清晰界定各属性参数的具体技术指标，从而利于实际应用时开展规范化管理。

（3）编制评价指标

资源评估指标体系为"资源建设专家组"和"各学科工作小组"在项目推进阶段开展资源审核与归类工作提供了操作准则。一套科学合理的评价标准体系是保证资源建设质量的关键前提，其中具体指标参数的设置会直接对最终入库资源的学术价值和使用功效产生影响。

（4）资源征集

教育资源调配任务的安排应采用分级的方式下达给各职能部门，由其负责具体实施。在开展任务规划时，要全面考量区域的教育特点、院校的专业特色以及师资的专长，借助优势互补的机制，达成资源效用的最优配置。资源采集工作应当按照学科分类体系、年级层次划分以及资源形态类别，构建多维的分类框架，进而执行系统化的归集与管理流程。

（5）资源的审核与完善

教学资源专项管理机构联合跨学科专家组、学科工作组以及技术团队，按照既定的资源评估标准体系，对征集到的数字化教学素材开展系统化评审工作。这一流程包含分类筛选、质量改进和结构化整合等环节，同时构建分级定价机制。对于质量基本达标却存在不足的素材，技术团队在学科专业组的技术支持下开展专项优化工作，通过调整参数和校准内容，使这些素材满足入库资源的规范标准。

（6）资源入库

依托计算机网络技术，利用资源管理平台达成资源数据的批量入库或者独立入库操作。为保证资源库信息的精确性，数据管理人员在进行数据存储之前，要对资源属性展开全面、系统的核查。在实际实施过程中，需要依照标准化流程对元数据字段开展完整性审查以及格式验证工作，这一预处理步骤能够有效解决数据异常问题。

（7）资源的运营与维护

网络教育平台的运维管理包含多项核心任务，其中就有周期性资源调配。该平台作为一个数字化空间，在知识组织上采用了网状拓扑结构，此架构更契合人类的认知模式。从系统资源构成来看，它包含两个维度。一方面是固态化的数字素材，另一方面则是由用户交互所产生的社群关系网络。由于参与该平台的主体都来自现实社会，所以这个虚拟环境具有与现实世界同构的特征。在这个平台上，个体用户以去中心化模式开展个性化行为，其线上的信息交互形成了虚实融合的认知场域。这种数字化实践有着重要意义，它既可以看作是现实教育活动的镜像投射，也能够视为对未来教育形态的探索性预演。

（二）现代远程教育课程的开发

1.现代远程教育课程开发的人员构成

课程开发主管主要履行以下这几项核心职责：第一，统筹课程资源的开发工作，并推动多部门之间的协同合作，借助系统规划搭建起合适的学习支持体系。这一岗位要负责拟定教学指导方案、学习辅助途径以及实施策略，具体工作包含课程体系的设计、教学资源配置的优化，以及对跨部门开发流程开展质量监控。该岗位的专业职责着重于对教育方案进行技术审查，以及评估教学策略的可行性，以此保障课程架构的科学性、教学实施的有效性。

第二，学科内容专家。此角色由拥有专业学科背景的研究者承担，主要负责开展在线教育课程体系的设计与开发工作。具体来说，要制定契合远距离教学特点的知识模块架构，开展核心教材的系统化编撰工作，同时严格把控知识体系的科学性和严谨性。

第三，课程责任教师。课程责任教师属于专业教师群体，主要负责教学规划与设计工作。其职能重点已从传统的面授教学模式，转变为将教学资源开发与学习指导相结合。该岗位具体要开展一系列教学文件的编制工作，包括制定课程教学大纲、设定教学目标、设计评估方案等。同时，还需完成课程资源建设任务，比如准备课程复习资料、开发多媒体课件等。此外，课程责任教师也要承担如批改学生作业并给予反馈等教学辅助工作。

第四，媒体技术专家。此角色凭借前沿的技术手段，与课程研发团队中的技术人员开展协作，对技术方案进行优化，以此保障远程教学资源的开发和制作质量。

第五，学习支助人员。其核心职责包括对教学资源进行调配、协调学术活动、搭建师生沟通的桥梁、构建信息反馈机制以及开展价值引领和思想引导等工作。具体来说，此岗位要精准发放课程材料，统筹开展实践教学环节，有效推动教学双向互动，系统整合教育过程中的数据，并且肩负起培育学习主体意识形态的重要职责。

2.现代远程教育课程开发的双子系统互动模式

在首项核心架构里，制作系统可看作是具有特定功能的生产单元，其运行模式如下：来自特定学科领域的资深专家与课程研发团队（其中涵盖学习心理分析师、教育技术工程师以及多媒体制作专员等）展开合作，借助跨学科的协作机制开展教学资源的设计和开发工作，最终为远程教育的受众提供标准化的课程体系。

支持系统扮演着辅助性职能机构的角色，其核心功能是为注册学员提供教育资源支持服务。此机制借助成体系的学术服务方案，帮助用户高效运用教学资源，从而系统地掌握目标知识与技能。

从系统构成的视角进行分析，一套完整的远程教育课程开发体系，要把需求分析、目标设定、课程实施以及评估等核心模块，高效地整合到两个子系统之中，以此构建出一个结构完善的有机整体。这种集成式的架构，既需要包含课程开发整个流程中的各项要素，还应当着重关注各个功能模块之间的协同运作以及系统的有效整合。

二、现代教育技术下的微课与慕课教学

（一）现代教育技术下的微课教学

1.微课教学的原则、特征

在信息化时代浪潮中，数字通信技术发展迅猛，新媒体平台的应用范围不断扩大。微课作为一种新型教育形式，以其时长简短、内容精要的视频资源特点，正深远影响着我国教育体系的变革走向，逐渐发展成为极具价值的数字化教学资源。微课是信息技术高速发展的成果，它的应用和推广进一步促进了相关技术的优化改进，二者的协同发展构建起了良性的互动模式。这种依托短视频技术的教学方式，借助碎片化知识点的可视化展示，不仅有助于教师进行知识传授，更有益于学生开展知识建构与内化，在教学相长的过程中扮演着关键的媒介角色。

（1）微课教学的原则

①观感舒适

高质量的微课资源一般包含三个关键要素：简洁精炼的文本内容、视觉效果显著的画面元素以及贴合主题的音频素材。这三个方面相互融合，产生多模态的协同效应，可切实提高学习者的视听感受。

第一，字幕设计的精炼性。制作微课视频时，要添加精炼的字幕提示，将各教学节点的核心信息以简洁文字的形式呈现给学习者。需要着重指出的是，对字幕进行简练化处理时，要保证知识传递的精准度以及教学环节内在逻辑的连贯性。

第二，视觉呈现效果的精良程度和教学设计逻辑紧密相连。在微课制作前期，教师要对教学内容开展系统性梳理与层级化掌控，既要搭建起完整的知识框架，又要明晰各知识点之间的逻辑联系。这种教学设计的结构化思维能够有效转变为课件里的视觉层次关系，借助多媒体元素的空间排布与动态展示，达成知识逻辑的可视化传达。

第三，合理运用音乐元素。在制作微课视频时，配乐的选择要遵循教学辅助

性原则。并不是所有的微课视频都必须有配乐，不过，适度添加与教学内容相符的背景音乐，能够对课堂节奏起到良好的调节作用，还能提高学生的学习专注度。值得强调的是，对视觉元素（文字、画面）和听觉元素（音乐）进行编排优化，并不是课程设计的关键所在。微课制作的核心竞争力应当体现在科学挑选教学内容以及创新设计知识呈现方式上。如果过于注重形式上的美感，却忽略了教学内容的质量，就会陷入教学设计本末倒置的误区。所以，开发教学资源时，要始终以提高知识传递效率和优化教学逻辑为根本目的。

②简洁易懂

微课作为新兴的数字化教学资源，其核心特性在于微型化，一般典型时长维持在5 — 10分钟。要在这有限时间里有效传递知识点，课程设计需同时遵循内容精选、形式简明两个原则。由于微课的教学目标是深入剖析特定知识点，所以教师要搭建以核心概念为核心的教学框架，采用直切重点的表达方法。在内容编排上，教师要严格依照必要性原则：能简洁说明的内容，不做冗长叙述；适合用基础例子说明的，不过度拓展。课程开发者要借助结构化思维拆解知识要素，挑选有代表性的教学材料，以逻辑严谨的组合形式让复杂概念分层呈现。通过精准的语言表达和选用典型教学案例，引导学习者建立知识间的联系，从而培养他们自主探究的学习能力。这种高度集约的课程形式，要求教育工作者改变传统教学设计思路，从构建宏观课程体系转为精细处理微观知识模块，让碎片化的学习时间成为深度学习过程的有效依托。

③内容完整

微课作为一种数字化教育的载体，外观形式简洁，然而教学效能并未降低。这一教学模式具备时间集约化的特点，其时长一般控制在5 — 8分钟，不过时长的压缩并不意味着知识密度会随之降低。教学资源开发者借助系统化的甄选机制，对学科知识体系里的核心概念实施模块化的重新组合，让每个教学单元都涵盖完整的知识图谱结构。实证研究显示，经过优化设计的微型课程呈现出如下特征：拥有主题聚焦、逻辑紧密的认知框架；典型化的教学案例和学习者的生活场景高度契合；关键知识节点采用了可视化呈现技术。这种教学形态的创新之处在于：学习主体在数字化终端上获取知识时，其认知效果和传统课堂环境下的认知效果是相当的。特别要说明的是，依据认知负荷理论的教学设计原则，微课内容在保证学术严谨性的同时，切实达成了知识转化效率的最大化。

④以学生为中心

课程体系的构建以及教学实践应始终贯穿生本教育理念。在开展课程资源开发和设计教学策略时，教育工作者要全面且系统地剖析学习者的认知特点和知识储备情况，进而搭建契合个体差异的微课程体系。借助动态学情诊断进行教学设计，可切实提高数字化资源的适配性，让微课内容精准契合不同水平学习者的认知要求。与此同时，教学资源的整合要遵循差异化准则，依照学习者的认知发展规律打造多层级的资源库。这样做不仅能够增强学生在知识构建过程中的主体参与度，还能凭借个性化的资源推送机制激发学生的学习动力，培育其可持续的自主探究能力。教育实践表明，这种以学习者认知图谱为指引的资源配置方式，有利于达成教学资源与学习需求的结构性适配，从而不断提升学习者获取知识的效率。

（2）微课教学的特征

①主题明确的特征

在微课的设计与开发环节，教师一般会针对课程核心内容里的疑难问题以及关键知识点展开内容整合工作。这种教学形式需要主题具有极高的聚焦性，内容达成高度的集约化，进而塑造出与常规课堂教学模式不同的鲜明特点。

微课设计的关键特征是主题具有聚焦性。在课程开发时，教育工作者要构建清晰的知识体系，借助系统化的内容筛选办法，挑选出具备学科代表性且有认知难度的核心知识点。这种以主题为导向的设计准则，不但提高了教学内容的组织效能，还通过结构化的知识呈现形式，切实增强了学习者的认知专注力。从教学实践成效来看，高度精简的课程主题能够大幅提升学习者接收信息的效率，推动他们快速内化关键概念，同时减少认知过程中注意力分散的情况。

②弹性便捷的特征

传统的课堂授课模式在时间安排上有明确的预设，课程时长固定，缺乏可调节性。与之不同的是，数字化微课在时间利用上更为集约，教学视频一般以分钟计算时长，就算是包含多种内容的综合型微课，其时长大多也控制在十分钟以内。这样的时间安排既契合现代学习者的认知规律，又有利于保持学习者的注意力。教师设计微课时，所需数字资源的存储空间一般在百兆级别，这种轻量化的数据特点让教学资源在云端存储和移动端传输方面优势显著。也正是凭借这一技术特性，基于微课的混合式教学模式才得以在教育实践中得到广泛应用。

2.现代教育技术下的微课教学条件

微课具有内容精炼、结构紧凑的典型特征，其教学目标高度集中于单一知识点。这种知识呈现模式很好地满足了当代教育对于移动互联以及碎片化学习方式的适应需求。从技术实现角度来看，微课资源具备体积小、占用存储空间少的长处，能够支持在跨平台的多个终端上进行访问，方便学习者即时下载、进行云端存储并在移动端开展学习。作为其核心教学资源的微型教学视频，整合了视频进度调节、内容回看等交互功能，为知识内化过程提供了技术保障。学习者可以利用这些技术特点，对教学中的重难点内容进行反复学习，还能通过标注系统记录学习过程中遇到的疑点，进而开展同伴协作式的探究学习。需要留意的是，目前微课平台已经实现了对全媒体终端的适配，学习者能够依据自身的设备情况自主挑选合适的移动学习工具。

在信息化建设的大背景下，教学模式朝着数字化转型已然成为现代教育发展不可阻挡的趋势。这一变革过程，不仅加快了传统教育模式的更新换代，还推动了教育理念进行全面的重塑，让教育实践形式和理论体系能够与数字技术深入融合，进而很好地适应智能时代教育发展的需要。微课程教学模式作为数字技术广泛应用的典型代表，其不断优化需要以科学的教育理论为指导。只有达成教育理念和技术创新之间的动态平衡，才能让技术在赋能教育方面发挥出最大功效，引领当代教育实践朝着高质量发展迈进。

3.现代教育技术下的微课教学策略

(1)利用同伴学习的理论

提高微课教学的效能,关键在于学生的自主参与度。在教学实践中,可以借助班级管理中的骨干人员(像班委、学科代表等)推行同伴协作学习模式。这种模式具备三方面的教育价值:一是能够增强学生的内在学习动力;二是有利于提高学生对知识的建构能力;三是可以通过社会性互动推动学习者的社会性发展。在优化微课应用策略时,建议首先发挥学生骨干的示范作用,依据教育学中的同伴互助原理,构建学习共同体机制。让骨干成员对学业表现稍差的学生群体进行帮助和引导,有效提高这部分学生的学习参与度,从而和教师一起完成课堂上的微课学习任务,并且加强课后的复习环节,最终全面提升教学资源的应用效能。

(2)加强对教师培训的力度

学校需统筹规划,安排师资参与微课专项研修活动。一方面,引入专家智库,开展成体系的微课制作技能培训;另一方面,建立教师轮训制度,选派骨干教师参加校外研修项目。建议按学科课程组建教学研发团队,共同完成从教学设计、脚本创作到后期制作的全流程工作。参训教师可以深入剖析国家级精品案例,整合区域内优质教学资源,结合生源特点与学科属性进行本土化改造,从而打造出具有校本特色且质量合格的微课作品。在研修期间,要构建作品互评机制,借助同行的评价和建议,优化微课的视听呈现效果,完善知识建构体系。培训可采用"实践－反馈－提升"的螺旋式培养模式,要求教师独立完成微课制作后,接受专业人员的指导。院校可借助教学能力比赛、微课竞赛等专业赛事平台,把竞赛标准融入日常训练,全面提升教师信息化教学资源的开发与应用能力。

(3)端正教师应用微课的态度

微课在教育实践中的功能定位要跳出竞赛和科研的限制,拓展至常规教学领域。教育者要准确认识微课的功能定位,加强课程资源和实际教学之间的联系,从而实现课堂教学质量的稳步提高。采用融入式微课设计,结合班级学生的认知特点，能够有效提高学生在课堂上的专注度以及知识内化的效率。有研究显示，根据学生个体特征有针对性地融入内容的微课资源，可大幅提升培养学生创新思维的效果，推动学生实践能力和学业成绩共同进步。从教学管理的角度来看，微课可重复利用的特性，具有长期降低教师重复性劳动强度的价值，能为提高教学效能提供可持续的支撑。教育工作者要全面掌握微课的核心价值，将其视为系统性教学改革的重要构成部分，而不是仅仅当作一种教学辅助工具。这种数字化教育资源与教学改革实践的深度融合，是教育技术现代化发展的必然走向。

（二）现代教育技术下的慕课教学

1.慕课教学的特征

（1）大规模的特征

慕课平台的规模特性主要从学习群体规模和教学资源多样性这两个方面体现。在信息技术不断创新的带动下，线上学习的用户数量呈指数式上升，主流平台每天的活跃用户一般都能达到数万之多。这种新兴的教育模式打破了传统教学场所的物理局限，在空间分布上，学习者能够自主挑选学习环境，达成多场景的顺畅转换；在教学时间方面，也突破了传统模式的束缚，可在任意时段灵活参与学习，进而形成了时空维度上的高度扩展性。并且，课程受众群体的覆盖范围明显扩大，参与课程的主体在社会构成上呈现出多元化的态势。

（2）自主性的特征

大规模在线开放课程（MOOC）作为一种新型的在线教育形式，对传统课堂教学范式进行了重构。在此模式中，学习的主体性得到了增强，学习者从单纯的单向知识接收者转变为自主进行认知建构的主体，而教学者的角色则转变为学习的促进者。教学者借助问题导向的互动策略，帮助学习者实现认知体系的内化。这种教育范式的变革表现为师生关系的结构性改变，教师主要采用支架式教学方法，推动学习者自主构建知识体系。

（3）开放性的特征

慕课的开放性主要体现在三个层面：平台架构的开放机制、课程参与的零门槛特点以及教育资源的共享模式。其规模化特性与平台架构紧密相连，在慕课发展的初始阶段，由于缺少专业化平台的支撑，开放程度受到显著限制。随着技术的不断迭代和教育理念的更新，慕课平台逐步构建起体系化建设，尤其是在免费共享原则和资源互通机制得以确立之后，慕课的开放特征取得了突破性进展。这一演进过程体现了教育技术应用与互联网思维深度融合的必然走向。

大规模在线开放课程的发展重塑了传统学校在知识传播方面的独占局面，其开放性特点主要从五个维度得以体现。具体来说，这种教育模式的创新主要有以下表现：第一个特征是入学资格开放。全球的学习者都能借助数字平台进行课程注册，不会受到地域、年龄、职业等身份因素的制约。第二个特征为时间管理灵活，学习者能够按照自身作息自行规划学习进度，完全打破了传统校园教育固定的课时安排与学制年限的约束。第三个维度是教学资源具有可及性，注册用户可以自由获取平台内所有课程资源，不存在额外的获取条件。第四个方面是在空间维度上得到解放，任何有网络接入设备的地方都能成为学习空间，彻底消除了实体校园的地理限制。最后在评估机制上，运用智能化评估体系与同伴互评相结合的新型考核方式，构建起多元化的学习评价体系。

（4）非结构性的特征

在互联网技术支撑下发展起来的大规模在线开放课程（MOOC）和常规课堂教学体系之间存在着内在联系。MOOC平台营造了有助于碎片化知识获取的学习环境，这种分散式的知识传递方式展现出明显的非结构化特性，学习者能够依据自身个性化需求自主挑选学习模块。与之不同的是，常规课堂教学着重借助结构化的课程设计和系统性的教学安排达成专业人才培养目标，重视构建学习者完整的认知结构。把MOOC融入传统教育体系，既能够切实拓宽传统教学模式的实施途径，又能够推动在线教育技术的实践应用以及理论研究的深入发展。

2.现代教育技术下的慕课教学作用

（1）有助于能力培养平台形成

目前，国内大部分高等教育院校已将成熟的慕课系统引入，当作教学辅助手段。这类数字化平台整合了众多优质课程资源，可为线上教学提供多维度的支撑。在信息技术不断更新换代的带动下，教育平台的功能模块和服务体系日益健全。平台中依据学科类别搭建的专业知识体系，有助于学习者依据自身专业方向开展有针对性的学习。此教学模式为达成专业能力的系统化训练提供了切实可行的实践平台。

（2）有助于完善教学的模式和内容

①完善教学模式

教学团队一般把以视频形式呈现核心知识点作为主要授课方式。当学习者碰到预设问题时，平台内置的互动模块可即时提供解析，这种教学机制有助于培养学习者的批判性思维能力。师生之间开展的在线答疑活动，能够有效激发学生的学习动机，使学生保持较高的课堂参与度。这种双向交流模式可显著增强知识建构过程的持续性。

②丰富教学内容

依托信息技术的MOOC教学模式，凭借数字化资源高度集成的优势，能够很好地适应学习者在知识获取方面的差异化需求。该平台所构建的自主选课机制，让用户可以依据自身的认知水平、职业发展方向或者学术兴趣，自主搭建个性化的课程体系。这种具有弹性的学习模式，不仅增强了学习者对知识模块的自主选择权，还借助进度控制功能，实现了对个人学习节奏的优化安排。教学系统拥有师生双向互动机制，教师需要及时回应学习者的知识咨询，并且当智能监测系统发现学习者注意力分散时，要启动提醒功能。考虑到学习者在认知特征上存在明显差异，教育实施者应基于动态的学情分析，制定具有针对性的教学策略，以实现教学效果的最大化。

（3）有助于促进教学手段的多元化

在教育实践中，教学模式的选择对知识传播效能有着明显不同的影响。像讲授式教学法这类传统教学模式存在着固有的局限，其主要特点是教师处于绝对权威的地位，使得学习者长时间处于被动接受知识的状态。大规模开放在线课程(MOOCs)作为依托现代教育技术的新型教学范式，为解决传统课堂在交互方面的不足提供了创新性的途径。MOOCs平台凭借其开放的架构以及交互机制，打造出了多维的对话空间，有力地打破了传统教育场景中师生互动所面临的时间和空间限制。这种借助技术实现的协作学习模式，实际上是针对传统教育体系封闭特性所进行的范式变革。

3.现代教育技术下的慕课教学机制

(1)构筑慕课联盟平台

大规模在线开放课程(MOOC)的出现，为高等教育体系创造了重要的发展机遇，同时也带来了改革的必要。我国的学校已开始逐步开展数字化教学资源的建设工作，一些优质课程已经拥有了相当数量的用户访问量。在人工智能与教育技术深度融合的大环境下，建议各学校共同构建区域化的课程共享机制。依据院校自身特色以及地域分布特点，可以组建跨校际的课程研发共同体，通过整合各类教学资源来开发标准化的教学模块。采用这种协作模式，一方面能够扩大学生的课程选择范围，另一方面还能推动优质教育资源的高效流通和均衡分配，有效解决因地域差异而造成的教育资源结构性矛盾，从而在数字时代将教育公平原则转化为实际行动。

(2)多元化评价标准体系

教学实践若要有效开展，教学方法需与课程目标协同配合，而系统化的教学评估体系能明显提升教学活动的整体效能。与传统教学模式相比，开放式课堂的教学组织形态更为多样，这意味着评价机制的设计要构建多维度的评估框架。

(3)构建三元策应的机制

①学校层面

a.制定慕课联盟平台建立制度

MOOCs联盟作为一种综合性的教育资源共享机制，其构建与持续运营离不开跨校际协同合作机制的建立。这种协作模式能够整合多所高校的教育资源，进而达成教学优势互补，实现多方共赢的局面。对于我国高等学校来说，迫切需要构建一套系统化的管理框架来规范联盟平台。具体来说，一方面要建立常态化的跨校沟通机制，以此有效协调平台运行过程中出现的共性问题；另一方面，需从政策层面制定指导性文件，对平台进行宏观指导并实施质量监控。

b.制定学分互认互换细则

大规模开放在线课程（慕课）跨院校学分互认功能的达成，需以规范化的制度框架为支撑。高等学校的相关管理部门应依照课程质量评估标准，构建分层分类的认证体系。通过明确课程等效性认定的流程、确定学时换算比例等具体规则，构建科学合理的学分转换机制。

c.关注传达动态信息，统筹管理

在教育领域，大规模在线开放课程（MOOC）打造了全新的数字化教学场域，这种教育形式给我国传统授课模式带来了革新。研究数据显示，教育工作者要积极变革授课策略和教育观念，借助教学范式的转变来拓展教学维度。从组织管理方面来说，跨校际MOOC协同平台的规划与维护，以及课程资源的实际实施，都离不开院校决策层的制度支持和资源调配。所以，高等学校的管理层应构建动态监测机制，对教学运行数据进行实时跟踪，结合教育政策走向和信息技术的发展，制定适应教学改革挑战的管理策略。

②教师层面

a.积极转变教育观念

MOOCs作为信息化时代诞生的新型教育形态，给国内高等教育体系带来了深刻的变革，这使得教育工作者迫切需要重构职业认知体系。从教学实践的角度来看，教育主体需要实现三重转变：第一，要革新传统的教学观念，通过转变自身角色定位来构建新型的师生关系；第二，要形成对在线教育的理性认识，全面系统地分析其技术特点和教育价值；第三，要建立起持续的专业发展机制，其中涵盖构建终身学习体系以及完善数字化教学能力框架。

b.掌握信息技术手段

当下，教育领域正大力推动信息技术与教学实践的深度融合，这为教师群体的数字素养带来了新的挑战。不少学校正陆续把先进的教育技术融入课堂教学，这就要求教育工作者必须全面掌握信息化教学工具的操作方法。以慕课（MOOC）为例，它是基于互联网平台实现资源共享的在线教学模式，其顺利开展要求教师具备计算机基础操作能力，还能把信息化教学理论转化为实际教学指导能力。教育信息化的推进已使传统教学模式发生了显著变化。随着数字化工具和多媒体资源的普遍运用，黑板等传统教学用具逐渐不再是主要的教学手段。这一现象也从侧面反映出培养教师信息技术能力的迫切性。值得一提的是，部分院校根据自身发展情况，要求教师参与慕课资源开发和课程建设。这不仅是对教师信息素养的实际检验，也促使教育工作者改变传统观念，主动适应技术变革的要求。要想使这类教学改革措施有效落实，教师群体需要树立持续学习的理念，在专业成长过程中不断提高数字化教学能力。

c.提升教育教学能力

MOOCs作为开放型在线教育平台，在教学实施期间依然需要教师发挥关键作用。值得强调的是，教师在MOOCs中的核心职责表现为组织学习过程以及指导知识建构。这种教学特性要求教育工作者不断提升专业素养，一方面要科学引领学习者开展知识探究，另一方面要开发契合在线学习特征的优质课程内容。此外，教师还应注重培养学习者借助MOOCs平台有效开展自主知识建构的能力。

d.准确定位自身角色

在在线开放课程的教学模式里，教师要精准明确自身的职能定位，从而实现教学指导的有效开展。相关研究显示，教师主要呈现出学习引导者和教学协作者这两种职能特点。从实践角度来看，教育工作者既要能够熟练运用慕课平台的资源来组织教学活动，又要深入参与到校本慕课课程的开发实践之中。这种双重参与的特性，使得教育者在慕课生态系统中自然而然地具有了协作伙伴的职能属性。

③学生层面

a.提高资源选择的能力

从学习者发展的维度来剖析，慕课平台的应用具备双重教育意义。学习者参与慕课平台的学习活动，不但能够获得高质量的教学资源，而且有利于掌握自主性学习技能。这种素养的形成，会对个体的终身学习产生长久的影响。从教育理论的角度分析，慕课平台整合了多样化的优质教育资源，为学习者提供了充足的选择空间。在这一过程中，教师给予适时的引导，能够切实提高学生筛选资源的能力。当这种能力应用到职业领域时，将大幅提高其工作效率。在信息化时代的大背景下，学习者在日常生活中接触海量网络信息资源已成为普遍现象。因此，如何高效处理信息成为现代公民必须具备的素养。要从碎片化信息中准确识别出有效内容，需要具备信息甄别、专业认知以及价值判断等综合能力，而这些能力构成了数字化生存的核心竞争力。

b.领会自主学习方法

慕课教育平台具有明显的开放性的特点，这就要求学习者根据自身需求挑选合适的学习资源与策略，并凭借独立判断，确定具体的实施方案。在这一过程中，学习者要通过不断的认知参与，自主设计学习路径，然后在实践阶段落实个性化的学习方案。这种系统化的学习实践，有助于提升学习者自主规划、监控和评估学习进程的能力。其能力发展的机制主要是在教育情境中，不断开展方案优选以及决策执行训练。

c.把握慕课课堂与传统课堂的关系

目前，大规模在线开放课程（MOOC）正有力推动着我国教育体系的变革，其应用已从高等教育拓展至多个学段。然而在教学实践中，教育主体要理性看待数字化教学与传统面授课堂的协同关系。受技术接入条件、课程适配情况以及评价机制等实际因素限制，传统课堂依旧在教学中占据基础地位。教学研究表明，混合式教学模式可将MOOC的开放资源与传统课堂的互动优势有效结合，这种教学范式的融合创新能明显提高知识内化效率。教育工作者在进行教学设计时，应搭建分层应用框架：借助MOOC实现优质资源的共享，依靠传统课堂加强师生之间的交流互动，进而实现教学效能和学习动力的同步提升。

第二节 新型技术赋能文化育人模式

一、翻转课堂教学的特征及其优势

（一）翻转课堂教学的特征

对基于课前知识传递和课堂知识内化的新型教学模式开展的研究表明，此教学范式把教学空间转变为师生之间以及生生之间互动的平台。学生在课后自主观看教学视频，从而完成对知识点的初步学习，这样的教学设计为知识内化留出了充裕的时间，而课堂环节则借助结构化讨论推动认知的进一步深化。该模式的实施途径为：教师提前制作教学视频，让学生在课前进行学习，接着在课堂上通过面对面研讨，实现知识的深化与迁移。这种创新的教学模式从本质上改变了传统课堂的组织架构，达成了教学流程的逆向设计。

（二）翻转课堂在教学中的优势

1.改变师生角色定位

在传统教育模式里，教师主要扮演着课堂信息传递者、知识讲解者这两个角色。这种以教师为中心的教学结构，着实让学习者长时间处于被动接收知识的状态。在传统教学目标的规划体系下，教育工作者通常依据严格的时间和空间框架来进行知识传授，目的就是增加学生的知识储备。不过，在这样的教学模式下，学习主体的自主性很难得到充分发挥，这直接限制了教学质量的提高。与之不同的是，翻转课堂的出现让学习者能够借助数字化资源，自行安排学习进度，通过视频等媒介实现知识的个性化学习，进而有效提高知识内化的效率。

2.有利于学生自主学习能力的培养

从教学结构变革的角度剖析，翻转课堂模式达成了传统教育范式在时间和空间上的重新构建。依据认知心理学理论，学习过程在本质上涵盖信息接收与认知建构这两个阶段。在常规的教学模式中，教师一般会把知识传递环节集中安排在课堂讲授时，而将知识吸收过程放在课外实践阶段。与之不同的是，翻转课堂的创新之处在于把教师的指导作用拓展到知识建构阶段。当学习者在课外进行自主学习遇到认知难题时，教师能够及时给予专业的支持。这种如影随形的指导机制大大地提升了知识转化的深度和持久性。此教学模式通过对教学流程的时间顺序和空间架构进行重新组合，成功搭建起"前置学习—课堂深化"的逆向教学模型。

3.促使教师提升信息化的教学技能

在互联网技术与教育领域深度融合的背景下，教育工作者有必要掌握多样化的数字教育技能，如微课开发、课程内容重构以及虚拟仿真技术应用等专业能力。教育者可通过对学习者课堂反馈数据进行系统分析，有针对性地优化教学组织策略，切实提高师生互动的效率。在建设微课视频资源时，要深入探究信息化教学工具的操作原理，依据微课体系和在线教学平台的技术框架，结合教学实践的实际需求动态调整教学方案，以此推动教育者数字化教学能力实现系统化发展。

二、现代教育技术下的翻转课堂教学设计

（一）现代教育技术下的翻转课堂教学设计要素

在搭建教学系统框架时，首要任务是明确基础构成要素，这些要素包括课程目标的确定、知识体系的搭建以及教学策略的选取等。翻转课堂模式打破了传统课堂线性的组织架构，促使教学从以教师为主导的知识传授模式转变为混合式教学模式。其核心特点表现为注重数字化教学工具的综合运用，着力培育学习者的自主探究精神和协作解决问题的能力。基于现代教育技术理论的翻转课堂模型主要有以下设计层面：

1.翻转课堂的学习内容

教学材料包含了常规认知里的学习内容，按照知识容量，其构成层级可分

为课程模块、课时单元和知识要素这三个维度。从结构主义的角度来看，知识体系是由若干基础认知单元组合而成的，其中知识要素是构成教学材料的基础架构单元。在日常教学实践中，教育者一般会根据课程标准来确定教学核心以及认知障碍点，知识传输过程大多按照教材预先设定的知识序列进行线性讲解，不过存在对知识单元进行重组的意识不足的情况。当运用翻转教学模式时，因为学习者已经在课前完成了知识要素的自主建构，这种提前进行的学习行为使得课堂教学目标发生了本质性的变化，这在客观上要求教师重新构建知识拓扑结构，通过对知识模块进行体系化整合以及对认知层级进行优化配置，以此来提高教学效能。

在翻转课堂教学模式里，教育工作者在设计教学方案时可运用解构－重构的流程框架。其具体实施途径如下：第一步，对跨章节的知识要素开展系统性的分离与分类操作，这有助于清晰展现知识点之间的逻辑联系；第二步，要依据课程目标的整体布局，对知识要素的展示顺序进行合理安排。在视音频教学资源的开发环节，推荐采用两种组织策略：一种是利用专题模块将相关知识点整合起来，另一种是按照教材的章节结构进行序列化的重新组合，借助任务驱动型的教学设计达成知识点的有效融合。

2.翻转课堂的学习资源

在教学实践中，学习活动的有效开展离不开特定的辅助材料。教育工作者一般把这些辅助材料定义为学习资源。合理筛选适配度高的学习资源，能够有效调控学习者的认知负荷，从而提升知识内化的效率。依据资源产生途径的不同，学术界一般将其分为三大类：其一为自主开发类资源，即教育者依据课程目标自行开发的教学素材；其二是外部引用类资源，这类资源源自已有的学术成果或专业文献，被当作教学辅助手段引入课堂；其三是过程生成类资源，主要是师生互动过程中自然产生的反思记录、学习日志等具有动态性的教学副产品。

3.翻转课堂的学习目标

在设计教学方案时，应首先明确教育目标，充分发挥其对教学方向的引导和教学过程的调控作用，让各个教学环节都能围绕既定目标有条不紊地开展。通过对翻转课堂模式特点的分析，可将学习流程划分为两个具有递进关系的模块，即课前知识吸收阶段和课堂知识深化阶段。按照教育目标分类的理论框架，课前模块应着重于学生对知识的识记以及基础层面的理解，课堂模块则应定位为促进学生知识迁移和应用的平台。实证研究显示，采用这种分阶段的设计方式，能够大幅提高学生应用知识的效率。

4.翻转课堂的学习活动

在教学过程中，师生互动行为的集合在很多时候和传统教学活动的概念是一致的。采用"学习活动"这种表述，是为了凸显以学生为主体的教学理念。在翻转课堂模式中，教学的实施者一般会把学习过程划分成两个方面：课前的自主探究阶段和课堂的协同互动阶段。学生在对知识进行预先研究时，要构建起知识框架，梳理出知识盲点并形成探究性问题，为后续的课堂研讨准备好学术议题。这种交互式的学习机制，不但能够推动学习者语言组织能力的提升，还对其批判性思维能力的培养有益。教学实践显示，要使活动设计严格依照预设的任务目标来开展，就可以有效增强学生自主探究和协作学习的实际效果。

（二）现代教育技术下的翻转课堂教学设计过程

1.突出活动设计宗旨

翻转课堂教学实践需着重关注学生自主探究能力的培养，在活动规划时应遵循差异化原则。在课前准备阶段，可把学生分成规模为4－6人的学习小组，由教师提前确定核心知识点，引领各小组开展相关资料的整理与搜集工作。课堂教学阶段适合安排学习成果的汇报展示活动，借助不同小组之间的互补性交流，切实提高学生知识结构的完备程度。

在分组实施时，要落实异质性组合策略，借助成员能力结构的互补来优化团队组成。各学习单元可运用民主选举的办法选出负责人，由负责人全面统筹资料的系统梳理以及疑难问题的分类汇总工作，以此保证协作机制能够有效运转。考虑到自主探究式学习具有时间密集的特性，建议把其主要实施阶段安排在寒暑假期,这一时期学生能够拥有可自由支配的连续且完整的学习时间。教师应在假期来临之前完成学习任务的系统规划,同时要求各个小组根据成员特点制定预习方案,通过提前部署来延长学习准备周期,推动学习计划得以科学规划并高效落实。

2.课前明确准备要求

翻转课堂教学模式给予了学生相当大的学习自主权,其要实现有效实施,需遵循如下操作规范:其一,在课程准备时期,教师要确立以情感为导向的教学目标,助力学生精准掌握知识传递中的价值层面内容。其二,教学团队要打造一套系统化的课前资源体系,涵盖精心挑选的教材、数字化教案以及配套的视听材料等教学元素,经过专业筛选后,借助教育平台达成资源的共享。对于自主学习环节,教师要提前明确学习目标,并且建立问题反馈机制,及时收集和整理学生在预习阶段出现的认知疑惑。最后,在教学实施进程中,要求教师和学生这两个主体协同合作:从教师角度来说,要提供多维度的学习支持体系;从学生角度来说,要合理运用学习计划工具,系统记录知识内化过程中的难点与疑点,形成能够追溯的学习路径。这种双向互动机制既保证了教学资源的有效供应,又增强了学生在学习过程中的自我监控能力。

3.课后升华学习成果

在翻转课堂的教学实践里,教师能够把课前资料收集这一环节当作学习者知识建构的起始阶段。在课堂活动过程中,学习共同体的成员借助协作学习和观点分享,逐步达成知识转化。此模式保留了传统教学中的作业评价机制,教师通过系统剖析课后提交的学习成果,可有效评估学习者的认知发展水平,从而制定出差异化的教学策略。值得一提的是,课后作业的批阅与反馈环节为教师提供了诊断性评估的数据,有利于精准辨别个体的学习差异。

参考文献

[1] 李效民.高校教育教学管理革新与策略选择[J].中文信息,2025(1):107-108.

[2] 丁宝根,方羽.数字技术与高等教育发展耦合协调的时空演化及障碍因素[J].重庆高教研究,2025(1):21-31.

[3] 许乐乐,彭泽平.数字技术赋能高等教育可持续发展:要义指向与推进方略[J].高教探索,2025(1):38-47.

[4] 辛忠.开启数字化赋能高等教育教学改革新征程[J].化工高等教育,2024(5):1.

[5] 包水梅,蒋悦,罗杨洋.高等教育研究数字化转向:内涵表征与可能风险[J].电化教育研究,2024(2):77-83.

[6] 蔡万巧.新时代高校教育教学管理革新及可行性研究[J].佳木斯职业学院学报,2024(6):188-190.

[7] 王诺斯,石宇杰.面向新质生产力发展的高等教育数字化转型:内在逻辑、发展机遇与实践探索[J].江苏高教,2024(12):15-23.

[8] 王芷凡,吴晓英.教育数字化转型背景下教师数字素养的内涵、要素构成与发展路径[J].继续教育研究,2024(11):13-20.

[9] 张茂聪,李琰.教育数字化时代的高校教师发展[J].山东师范大学学报(社会科学版),2024(2).

[10] 李腾子.数字教育时代的高校师生互动与关系重塑[J].中国电化教育,2024(9):110-115.

[11] 孙亚晓,栗世洁.教育数字化背景下高校教学革新路径探究[J].E动时尚,2024(10):127-129.

[12] 周亮.当代高等教育改革与教学实践创新[M].北京:中国书籍出版社,

2024.08.

[13] 张文博.数字化背景下高校课程在线教学困境与对策研究[J].长春师范大学学报,2023(10):143-146.

[14] 田静双.数字技术赋能高等教育教学模式变革研究[J].黑龙江教师发展学院学报,2023(11):52-55.

[15] 田静双.数字技术赋能高等教育教学模式变革研究[J].黑龙江教师发展学院学报,2023(11):52-55.

[16] 李蕾,张春越.高等教育高质量发展与数字技术耦合的理论研究[J].电脑乐园,2023(3):91-93.

[17] 闫鹏凌.数字技术赋能高等教育高质量发展的实践路径研究[J].对外经贸,2023(10):145-148.

[18] 曾平江.数字技术赋能高等教育管理质量提升:价值功能和实践进路[J].吉林广播电视大学学报,2023(2):94-96.

[19] 贺天舒.高等教育信息化的改革与创新研究[M].北京:中国商务出版社,2023.02.

[20] 李海红.高等数学教育及教学改革研究[M].长春:吉林出版集团股份有限公司,2023.12.

[21] 谢爱林,江雯斐.高等教育管理与教学创新研究[M].长春:吉林人民出版社,2023.06.

[22] 张亚军.教育前沿高等教育管理理论与创新研究[M].沈阳:辽宁大学出版社,2023.07.

[23] 刘子卉,费燕琴,赵双兰.当代高等教育管理与实践研究[M].北京:中国纺织出版社,2023.08.

[24] 缪文武.高校教育改革理论与实践研究[M].长春:吉林大学出版社,2023.03.

[25] 陈军.探究信息技术对高等教育管理产生的影响[J].公关世界,2022

(18):53-54.

[26] 禚海英.教育数字化背景下高等学历继续教育高质量发展困境与出路[J].长春师范大学学报,2022(11):143-146.

[27] 杨萍萍,肖隽.新时期高等教育的教学改革策略[M].长春:吉林出版集团股份有限公司,2022.10.

[28] 张宗蓝,赵健.高等教育中现代教育技术的应用研究与改革[M].北京:中国书籍出版社,2022.05.

[29] 别敦荣.高等教育普及化与人才培养改革丛书普及化高等教育专论[M].青岛:中国海洋大学出版社,2022.09.

[30] 杨丽丽.新时期高等教育质量管理改革与创新研究[M].北京:中国书籍出版社,2022.07.

[31] 任新红,许炜萍.新时代高等教育国际化发展研究[M].成都:西南交通大学出版社,2022.06.

[32] 吉广萍.高校数字化教育资源的共建研究[J].电脑知识与技术,2021(7):110-111,121.

[33] 胡德鑫,李琳璐.跨界与融合:在线教育与高等教育变革的联动机理与样态重构[J].高校教育管理,2021(1):77-86.

[34] 熊光红.慕课发展对我国高等教育的影响及其对策[J].亚太教育,2021(3):21-22.

[35] 申轶颖.大数据背景下高等教育管理模式分析[J].经济与社会发展研究,2021(21):261,285.

[36] 严峻.网络信息时代的高等数学慕课、微课、翻转课堂教学研究[J].电脑知识与技术,2021(2):89-90.

[37] 陈虹,赵志强.高等教育改革与建设[M].北京:文化发展出版社,2021.12.

[38] 杨德广.高等教育改革的探索与反思[M].北京:人民教育出版

社,2021.05.

[39] 冉小峰,施锦丽.深化高等教育改革创新人才培养[M].北京:旅游教育出版社,2021.07.

[40] 钱津.智能教育新时期中国高等教育改革探讨[M].武汉:华中科技大学出版社,2021.10.

[41] 杨洋,王辉.高等教育课程改革与人才培养研究[M].长春:吉林文史出版社,2021.05.

[42] 祝朝伟,严功军,刘玉梅.高等教育教学改革研究第8辑[M].成都:四川大学出版社,2021.12.

[43] 别敦荣.高等教育管理探微[M].厦门:厦门大学出版社,2021.01.

[44] 马静.高等教育管理发展的战略研究[M].北京:北京工业大学出版社,2021.10.

[45] 张桓,柯亮.当代高等教育管理与教学研究[M].北京:北京工业大学出版社,2021.10.

[46] 郑诺,杨猛.关于AI时代高等教育人才培养观念革新的讨论[J].文化创新比较研究,2020(19):16-18.

[47] 张应强."双一流"建设与中国高等教育改革发展[M].武汉:华中科技大学出版社,2020.07.

[48] 钟蔚梁.新时期高等教育学的构建与改革探究[M].北京:中国原子能出版社,2020.09.

[49] 沙仲辉.大数据时代的高等教育创新与实践[M].北京:北京工业大学出版社,2020.11.

[50] 雷炜.高等教育质量保障体系研究[M].杭州:浙江工商大学出版社,2020.03.

[51] 吴杰,张帅.高等教育管理与心理学研究[M].北京:文化发展出版社,2020.06.

[52] 任源，李磊."慕课"引发中国高等教育革新的审视与反思[J].邢台职业技术学院学报,2019(1):51-54.

[53] 刘林炜，王静静.浅析在全国高等教育改革新形势下高校社团的管理与发展[J].各界,2019(14):105.

[54] 杨云娟，邵永杰.高等教育的发展现状及其思考[J].教育现代化,2019(82):191-193.

[55] 祝朝伟.高等教育教学改革研究[M].成都：四川大学出版社,2019.12.

[56] 孟维亮.以学生为本的高等教育管理改革与创新[M].广州：世界图书出版广东有限公司,2019.01.

[57] 谢铮，宿哲骞，王昕晔.高等教育实践研究与应用[M].长春：吉林人民出版社,2019.12.

[58] 薛长凤，孟倩.国际化背景下高等教育理念的革新与发展[J].科教导刊,2018(22):1-2,37.

[59] 吴朝娅.制度革新视角下高等教育评价的改革[J].中国成人教育,2018(6):44-47.

[60] 韩曼，鞠迪，黄文华.慕课对高等教育的影响与挑战[J].教育教学论坛,2018(47):206-207.

[61] 唐汉琦.高等教育治理改革的价值研究[M].青岛：中国海洋大学出版社,2018.05.

[62] 王宝堂.当代高等教育管理与实践路径研究[M].青岛：中国海洋大学出版社,2018.09.